普通高等学校"十四五"规划体育精品教材
编委会

主　　任　孙竞波

副主任　井　玲　蒋玉梅

编　　委　（按姓氏笔画为序）

万来红　尹继红　余长青　张　洁　徐传智

栾丽霞　高　峰　高建辉　谢　彬　鲍　磊

普通高等学校"十四五"规划体育精品教材

主　编　王　锋
副主编　任玉龙　陈芳芳　徐传智　王　峰
编　者　（以姓氏笔画为序）
　　　　王　峰　王　锋　王玺越　王蕴焜
　　　　任玉龙　刘建超　陈芳芳　杨凯云
　　　　徐传智　谢天毅

大学龙舟体能训练教程

华中科技大学出版社
http://www.hustp.com
中国·武汉

内 容 提 要

本教材参考了国内外大量的最新训练理念和方法,注重对知识内容表述的准确和严谨。全书共6章。第一章介绍了龙舟运动体能训练的原则及生理学基础,第二章阐述龙舟运动力量训练的原则和设计,第三章至第六章是主体,围绕龙舟体能训练中的力量训练、耐力训练、热身和放松、防护性力量训练等内容展开,并将目前较为前沿的训练理念融入其中,根据大学生的实际情况,对大学生的力量训练周期安排进行了详细讲解。

本教材立足于大学生龙舟训练的实际问题,借鉴职业运动员和教练员推荐的教学和训练方法,以及积累的训练经验,具有较高的教学、训练参考价值。另外,充分考虑了运动专业学生的特点和需求,由学校龙舟队运动员和职业教练进行动作示范,运用大量的图片和视频(二维码形式呈现)从不同角度来展示动作,帮助读者更加直观地理解动作。在对动作的讲解上列出常见的错误动作和纠错环节,加深读者对动作的理解。此外,本教材介绍了跟龙舟运动相关的完整的体能测试方案,这在相关的教材上是少见的。

本教材以体育学院运动训练专业学生、普通大学生、龙舟教练和任课教师为主要使用对象,也可供职业龙舟运动员和教练员参考。

图书在版编目(CIP)数据

大学龙舟体能训练教程/王锋主编. —武汉:华中科技大学出版社,2022.9
ISBN 978-7-5680-8745-2

Ⅰ. ①大… Ⅱ. ①王… Ⅲ. ①龙舟竞赛-高等学校-教材 Ⅳ. ①G852.9

中国版本图书馆 CIP 数据核字(2022)第 169816 号

大学龙舟体能训练教程 　　　　　　　　　　　　　　　　　　　　王　锋　主编

Daxue Longzhou Tineng Xunlian Jiaocheng

策划编辑:陈培斌
责任编辑:肖唐华
封面设计:原色设计
责任校对:张汇娟
责任监印:周治超

出版发行:华中科技大学出版社(中国·武汉)　　电话:(027)81321913
　　　　　武汉市东湖新技术开发区华工科技园　　邮编:430223
录　　排:华中科技大学惠友文印中心
印　　刷:武汉开心印印刷有限公司
开　　本:787mm×1092mm　1/16
印　　张:10.75　插页:2
字　　数:259 千字
版　　次:2022 年 9 月第 1 版第 1 次印刷
定　　价:38.00 元

本书若有印装质量问题,请向出版社营销中心调换
全国免费服务热线:400-6679-118　竭诚为您服务
版权所有　侵权必究

总序

2020年10月,中共中央办公厅、国务院办公厅印发了《关于全面加强和改进新时代学校体育工作的意见》,提出:要贯彻落实习近平总书记关于教育、体育的重要论述和全国教育大会精神,把学校体育工作摆在更加突出的位置,构建德智体美劳全面发展的教育体系。学校体育是实现立德树人根本任务、提升学生综合素质的基础性工程,是加快推进教育现代化、建设教育强国和体育强国的重要课程。

体育课程是以锻炼身体为目的,通过合理的体育教育和科学的体育锻炼,以增强体质和提高体育素养为主要目标的必修课程,是学校课程体系的重要组成部分,是高校体育工作的中心环节。体育课程是寓身心和谐发展、思想品德教育、文化科学教育、生活与体育技能教育于身体锻炼并有机结合的教育过程,是实施素质教育和培养全面发展人才的重要途径。体育教材承载着传授运动技能、传播健康理念、弘扬体育文化的重要职能,是达成体育教学目标的重要载体。我国的体育教材应扎根中国、融通中外,充分体现思想性、教育性、创新性、实践性,根据学生的年龄特点和身心发展规律,围绕课程目标和运动项目特点,精选教学素材,丰富教学资源。教材是课程的支撑,编写本系列教材是为了更好地增强学生的运动技能,同时培养学生的创新能力。

本系列教材编写的原则主要有如下三个。第一,实践性原则,这是"教与用"、"学与用"、理论与实践紧密结合的具体体现,选择课程领域最新研究成果且实用价值高的理论、技术、方法和技能等,学生能学以致用,紧密联系实际,解决实际问题,提高运动技能。第二,创新性原则,对原有的知识加以更新、改造、转化、组合等,形成新的理论体系和方法体系,为教师提供高质量的教学素材,激发学生的学习兴趣。教材除了注重内容新颖外,还重视教材版式的创新,加强配套教材的建设,从而全面体现创新性原则。第三,发展性原则,教材体现一定的前瞻性,契合现代社会发展的进程。同时,从学科自身不断发展、前沿知识不断涌现等方面着手,贯彻发展性原则发挥教材对学生潜在发展性的促进作用。

本系列教材编写的基本要求如下。第一,政治方面。教材编写符合党和国家的方针政策,不得泄露国家机密,涉及有关宗教、民族和港澳台地区等敏感问题的表述,务必与国家现行政策保持一致。第二,学术方面。教材并非学术专著,对于学术界有争议的学术观点慎重对待,应以目前通行说法为主。注意文献的参考与借鉴,避免在知识产权方面存在纠纷。

本系列教材的定位与特色如下。第一,融入思政教育,高度重视学生思想道德的培养,使得运动技能教学和思想政治教育良好地契合,保障技能教学从"约束"到"教化"的转变,消除学生对思政教育的抵触心理,客观积极地面对教材中的思政教育,体现出"意志品质锻炼、道德行为养成"的特色。第二,教材采用纸质版本与数字多媒体有机结合的形式,内容新颖,表述生动形象,具有动态性、实践性与互动灵活性的特色。第三,教材更具系统性。教材除了介绍规范的技术动作外,还融入了深刻的体育价值内涵,这些体育项目的意义不仅仅是为了强身健体,也是为了增强体育综合素养。

本系列教材将按照四大板块进行规划和编写。第一板块:体育与健康基础知识,主要让学生了解体育知识,具备体育健康素养。第二板块:运动技能教学及训练,包括篮球、足球、网球、乒乓球、户外、瑜伽、龙舟等项目的教学与训练。第三板块:身体素质教学,让学生在学习运动技能的同时,进一步提升身体素质,促进身体健康。第四板块:"双健"教程,把体育"育体""育心"融入课程,使学生通过体育锻炼不仅拥有强健的体魄,而且具有健全的人格。

体育具有深厚的文化底蕴和丰富的精神内涵。体育"从求生存到塑文化"的发展史,是人类从"自然人生"向"文化人生"演进的过程。以身体为载体、以运动为形式是体育项目的特点,体育教材是传承体育文化的重要载体,希望通过本系列教材能让更多的学生掌握好运动技能,促进身心和谐发展。

普通高等学校"十四五"规划体育精品教材
编委会
2021 年 1 月

前言

近年来,随着国家对中华传统文化的大力倡导以及龙舟赛事的推广,大学生龙舟运动发展迅速,越来越多的大学生龙舟队伍出现在国内外重要的龙舟赛场上,成为弘扬中华优秀传统文化——龙舟运动的重要力量。

龙舟运动作为水上运动项目,除了需要运动员具有精湛的划船技术外,还必须具备扎实的体能。由于龙舟比赛项目既包含短距离项目,又含有长距离项目,因此,它对运动员的体能需求具有全面性的特点。主要表现在:既需要运动员具有强大的力量,又需要良好的力量耐力;既需要运动员具有出色的短距离加速能力,又需要有出众的速度耐力和心肺耐力。随着国内外龙舟赛事数量增多,大学生龙舟运动员每年参赛更加频繁,在国内职业龙舟赛的带动下,大学生龙舟比赛的水平和赛事水平也逐步提升,比赛的激烈程度大大增加。为了参加更高水平的赛事,大学生的龙舟训练水平也必须与之相适应,因此,不少大学生龙舟队纷纷聘请专业龙舟运动员、教练员和体能教练,以期获得更高的竞技水平。

随着国内外训练人士的推广与广泛交流以及竞技体育的需求,体能训练在国内的各个体育项目中均受到前所未有的重视,大学体育中的不少项目也会配备体能教练,这对科学提升大学体育的竞技水平是十分必要的。笔者2016年开始担任华中科技大学龙舟队的体能教练至今,协助该队获得了数个国内外龙舟比赛荣誉,也和不同龙舟队的教练员、体能教练进行了交流,积累了一些经验,现编撰成教材,旨在对龙舟体能训练方法进行推广和交流,帮助解决龙舟体能训练中遇到的问题。

龙舟的体能训练具有全面性特点,也具有明显的专项性。大学生龙舟运动员不同于专业或职业运动员,该群体既要面对繁重的学业,又要忍受艰苦的训练,学、训矛盾是摆在他们面前的现实问题。怎样才能更好地开展大学生龙舟运动员的体能训练?怎样合理地、周期性地安排训练时间、内容、训练负荷?怎样降低训练基础薄弱的大学生龙舟运动员的损伤风险?笔者期望该书能够指导大学生龙舟运动员掌握相关的体能训练知识,并科学地开展体能训练。

本教材的创作基于华中科技大学龙舟队教练员和运动员的合作。笔者作为主编,主要负责资料的查阅与汇总、文稿撰写、动作的示范和拍摄等工作。该龙舟队的技术教练具有丰富的训练和比赛经验,给予了本教材有关龙舟技战术章节,以及龙舟专项特点分析章节很多很好的建议,使本教材能够更好地对现代龙舟运动技术动作进行详细解读,为围绕龙舟运动技术动作和战术开展力量与体能训练奠定基础。华中科技大学龙舟队的技术教练和主力运动员参加过国内外重要的大学生龙舟赛和职业龙舟赛,对龙舟运动技术动作和力量训练动作有着深刻的认识和体验,主要为本教材做动作示范,并承担教材中各章节的文字、语句和语法校对,图片编辑,视频导入等工作。其中,徐传智、陈芳芳和王峰为本书的结构和编写思路提供了大量的参考建议,同时负责联系本书拍摄所需的运动员和仪器设备。技术教练任玉龙、运动员王蕴焜和刘建超完成多个章节中的动作示范,运动员王蕴焜、杨凯云和谢天毅负责第三章的校对,运动员王玺越负责所有图片的编辑和视频处理工作。

  本教材从笔者在武汉疫情期间开始写作,到文稿完成,历时两年多。由衷地感谢华中科技大学龙舟队教练员团队和运动员能够克服疫情的困扰,在教材编写过程中给予悉心指导和鼎力支持。感谢华中科技大学龙舟队为笔者提供指导体能训练的平台,有机会把多年的带队经历和经验写进教材。限于编者的水平,书中若有错误和不足之处,望读者批评指正,以备日后修订。

2022 年 2 月

目录

导论 /1
第一章 龙舟运动体能训练原则及生理学基础 /4
第一节 龙舟运动体能训练原则 /4
一、安全原则 /4
二、循序渐进原则 /4
三、系统性原则 /4
第二节 龙舟运动体能训练的生理学基础 /4
一、骨骼肌 /5
二、心血管系统 /7
三、能量代谢系统 /7
第二章 龙舟运动力量训练的原则和设计 /10
第一节 力量训练原则及法则 /11
一、力量训练原则 /11
二、力量训练法则 /11
第二节 力量训练的设计 /12
一、项目需求分析和评估 /12
二、训练动作选择 /20
三、训练频率 /20
四、训练动作顺序 /20
五、训练强度 /21
六、训练量 /22
七、间歇时间 /22
第三章 龙舟运动力量训练方法 /23
第一节 上身力量训练方法 /23
一、上身水平方向核心力量训练动作 /23
二、上身水平方向辅助力量训练动作 /31
三、上身垂直方向核心力量训练动作 /46
四、上身垂直方向辅助力量训练动作 /51
第二节 下身力量训练方法 /58
一、双侧力量 /58

二、单侧力量 / 74
　　三、奥林匹克举 / 78
第三节　核心力量训练方法 / 86
　　一、核心稳定类动作 / 86
　　二、核心动态类动作 / 92
第四节　力量动作组合方法 / 104

第四章　龙舟运动耐力训练
第一节　耐力训练分类及其影响因素 / 108
　　一、耐力训练分类 / 108
　　二、耐力训练的影响因素 / 108
第二节　龙舟运动耐力训练要素和方法 / 109
　　一、耐力训练要素 / 109
　　二、耐力训练方法 / 110

第五章　热身与放松
第一节　热身 / 114
　　一、关节灵活性练习 / 114
　　二、动态拉伸 / 119
　　三、肩带肌群激活方法 / 128
第二节　放松 / 138
　　一、静态拉伸 / 138
　　二、本体感受神经肌肉促进术 / 150
　　三、自我筋膜放松 / 151

第六章　龙舟运动体能训练周期安排及防护性力量训练
第一节　训练周期化的理论基础 / 156
　　一、经典周期理论学说 / 156
　　二、训练周期化的分类 / 156
　　三、训练周期负荷模式 / 158
第二节　龙舟运动体能训练周期及力量负荷模式 / 159
　　一、龙舟运动体能训练周期 / 159
　　二、小周期龙舟运动力量负荷模式 / 160
第三节　防护性力量训练 / 160
　　一、腕部 / 161
　　二、肘部 / 161
　　三、肩部 / 161
　　四、下背部 / 161
　　五、膝部 / 162

参考文献 / 163

导 论

龙舟运动是一项集众多划手依靠单片桨叶的划桨作为推进方式,运用肌肉力量向船后划水,推动舟船前进的运动。中国龙舟协会的标准比赛龙舟配备有龙头、龙尾、鼓(鼓手)、舵(舵手),以此保持中国民俗传统。

龙舟运动作为我国最具特色的民族传统体育项目之一,是端午节期间最具代表性的民俗体育运动,拥有两千多年的历史,它代表着"团结、协作、拼搏、进取"精神。关于龙舟竞渡的起源,学术界莫衷一是,比如祭曹娥、祭屈原、祭水神或龙神等观点,但最广为人知的要数纪念爱国主义诗人屈原。相传春秋战国时期,屈原于五月初五投江自尽,楚人拼命划船追赶拯救,追至洞庭湖时却不见其踪迹。之后每年五月初五,人们便以划龙舟来纪念屈原,借划龙舟驱散江鱼,保护屈原的身体。端午节、吃粽子、赛龙舟也流传两千余年至今。经过历史的变迁及发展,龙舟运动也由纪念活动转变为各地举办的竞渡活动。随着华人华侨在世界范围的迁移,现在发展到世界 50 多个国家和地区常年开展龙舟比赛,拥有全球约 5600 万龙舟运动爱好者。

现代龙舟运动已突破了纯粹的传统民俗活动形式,成为一项具有严格规则与规程、完善的组织、全球化的系列赛事的现代化运动。1976 年 6 月,中国由香港旅游局举办的第一届国际龙舟赛,创立了香港国际赛模式,标志着龙舟运动进入新发展阶段。之后亚洲及欧美地区相继开展龙舟竞赛。随着龙舟运动在世界范围的普及,1991 年 6 月 14 日,国际龙舟联合会正式成立,包括中国在内的 12 个龙舟协会成员。由中国、日本、泰国、马来西亚、新加坡等国家共同发起,于 1992 年 8 月 23 日在中国北京成立亚洲龙舟联合会,并将秘书处设立在中国北京。对于国内龙舟运动而言,1984 年,龙舟竞渡被列为国家正式水上比赛项目。1985 年,中国龙舟协会在湖北宜昌宣布成立。1984 年 10 月,全国首届"屈原杯"龙舟赛在广东佛山举办,此后每两年举办一次,2004 年后改为每年举办一届,并更名为"屈原杯"全国龙舟锦标赛。2011 年,第一届中华龙舟大赛在江阴举行,之后采用由国家体育总局社会体育指导中心、中国龙舟协会、中央电视台体育频道共同主办,各赛事举办地政府承办的模式举办至今。中华龙舟大赛成为国内乃至世界著名的重大龙舟赛事。当前,国际龙舟联合会和中国龙舟协会正在致力于推动现代龙舟运动进入夏季奥运会,扩大现代龙舟运动在世界上的影响力。

在国家政策的引导下,现代龙舟运动也逐渐从社会走进大学校园,大学龙舟运动将现代龙舟运动发扬光大。2004 年,中国大学生体育协会赛艇与龙舟分会在天津工业大学成立,成为中国大学生龙舟运动的正式组织管理机构,负责大学生龙舟赛事的组织和管理。2006 年,举办了中国首届大学生龙舟锦标赛,参赛高校队伍多达 30 多支;2010 年,举办了首届世界大学生龙舟锦标赛;2014 年,中华龙舟大赛首次设立大学生组。2015 年,天津海河国际龙舟赛暨首届世界名校龙舟大赛成功举办,吸引了 3 支来自世界排名前 20 的名校队伍、5 支来自亚洲排名前 20 的名校队伍、8 支来自中国排名前 20 的名校队伍以及来自其他国家和地区名校队伍,共计 24 支国际名校龙舟队伍参赛。2018 年,中华龙舟大赛单独设立全日制普通高校组。上海海洋大学龙舟队、东北电力大学龙舟队、温州大学龙舟队、聊城大学龙舟队等高校的龙舟队也多次在国内外重大赛事上取得优异成绩,为龙舟运动在国内外高校的推广起到重要作用。目前国内外比较著名的现代龙舟赛事有世界龙舟锦标赛、世界龙舟俱乐部锦标赛、洲际龙舟锦标赛、世界大学生龙舟锦标赛、龙舟世界杯、全国龙舟锦标赛、全国综合性运动会龙舟赛、中华龙舟大赛、中国龙舟公开赛等。

根据区域民俗特点的不同,龙舟的头尾造型各异,常见的有凤舟、象牙舟、龟舟、虎头舟、牛头舟、天鹅舟、蛇舟等造型。除此以外,龙舟还包括舵桨、划桨、鼓、鼓架,甚至有的龙舟还有锣。对于民间比赛而言,通常龙舟会形态各异,但是对于现代龙舟比赛而言,国际龙舟联合会和中国龙舟协会分别有自己的比赛规则,在由这两个协会主办的比赛中,都要统一按照协会的规则来比赛。通常的现代龙舟包括 22 人(20 名划手、1 名鼓手和 1 名舵手)标准龙舟和 12 人(10 名划手、1 名鼓手和 1 名舵手)标准龙舟。由于传统的 22 人龙舟赛参赛队员比较多,需要更多的资金来承办比赛,龙舟比赛未来会更加倾向于人数更少的龙舟,比如 12 人龙舟或 8 人龙舟。这里以中国龙舟协会《龙舟竞赛规则》中的龙舟器材为例,其规则如下。

总长:18.40 米(含龙头、龙尾),允许误差±5 厘米。

舟长:15.50 米,允许误差±3 厘米。

舟宽:1.10 米(中舱最宽处),允许误差±1 厘米。

重量:因龙舟制作材料不受限制,龙舟本身重量不设统一标准,但要求同一次赛事使用的所有龙舟最重与最轻的差距不得超过 5 公斤。

舵桨采用固定式,固定装置设在尾舱左侧船体上。舵桨总长 2.50 米,其中桨叶长 75 厘米,桨叶前沿宽 20 厘米,上端宽 16 厘米,弧形斜口延伸 15 厘米,允许误差±3 毫米。桨叶的边缘厚度为 0.7~1 厘米。桨杆直径下端 5 厘米,上端 3.5 厘米,桨柄长 15 厘米,直径 3.5 厘米。

划桨长度为 105~130 厘米,其中桨叶长 48 厘米,弧形斜口延伸 12 厘米,距末端 36 厘米至 48 厘米是桨叶的肩。桨叶前沿最大宽度为 18 厘米,长 12 厘米处宽 16.75 厘米,长 24 厘米处宽 15.4 厘米,长 36 厘米处宽 14.05 厘米,允许误差±1 毫米。桨叶的边缘厚度为 0.4~1 厘米。桨杆直径 2.5~3.5 厘米,桨柄长 57~82 厘米。

鼓面直径 48 厘米,高度 45 厘米,设在第一划手前面,且面对舵手。

龙舟运动也包括在国家重视中华优秀传统文化的传承与发展、注重大学教育中的中华优秀传统文化教育中。2014 年 3 月 26 日,《完善中华优秀传统文化教育指导纲要》指出,大学阶段以提高学生对中华优秀传统文化的自主学习和探究能力为重点,培养学生的文化创新意识,增强学生传承、弘扬中华优秀传统文化的责任感和使命感。2014 年 6 月,教育部印发的《高等学校体育工作基本标准》指出,高校的体育工作要加强校园体育文化建设,促进中华优秀体育文化传承创新。2018 年 5 月,教育部发布《关于开展中华优秀传统文化传承基地建设的通知》,指出:"深入推进中华优秀传统文化全方位融入高校教育,不断创新新时代高校传承中华优秀传统文化的理念、形式与方法,充分发挥高校文化传承创新的优势与作用,着力提高中华优秀传统文化传承发展的质量和水平",指出将中华优秀传统文化课程纳入高校公共艺术和公共体育课程体系。2019年,浙江大学和华中科技大学获得首批中华优秀传统文化传承基地——龙舟项目建设资格。这些都让龙舟运动在大学校园中得到前所未有的发展。龙舟运动也将成为大学思政教育的重要媒介。

　　当然,龙舟运动在大学中的开展也会遇到种种问题,例如高校龙舟运动专业人才缺乏、经费支出大、训练及比赛环境要求、龙舟自身制约因素、运动员发展问题等。相信在不久的将来,在国家、社会和学校的共同支持下,这些问题会慢慢得到解决,大学龙舟运动也会日渐壮大,中国的大学校园也将是发扬这一中国优秀传统文化的重要场所。

第一章 龙舟运动体能训练原则及生理学基础

第一节 龙舟运动体能训练原则

一、安全原则

龙舟运动是水上项目,有一定的潜在风险性,因此,安全原则永远是龙舟运动训练的第一原则。对于普通大学生来讲,由于训练经验不足,对该运动项目的认识不足,教练员更应该培养大学生在训练中的安全意识,并向他们讲授正确的划船技术和划船器材的操作。另外,龙舟运动除了水上训练,更多的是在陆上进行力量训练。普通大学生龙舟运动员或爱好者要面对各种各样的力量训练器械,在力量训练中,对器械的正确使用、训练动作和保护方法、健身房中的安全管理条例的详细讲解是每个教练员必须做的工作。

二、循序渐进原则

对任何运动项目的掌握都是从不会到熟练的过程,在此过程中,练习者从学习握桨到整个划船技术,从学习徒手的力量练习到负重力量练习都不是一蹴而就的,要通过日积月累才能掌握。因此,龙舟运动的训练是一个循序渐进的过程,操之过急会对运动员带来不利的影响。

三、系统性原则

龙舟运动是基于划船技术的体能类水上项目,学习这项运动并不只是学习划船而已,还要学习各种力量训练动作,经受水上技战术训练、陆上的力量和耐力训练,参加各种龙舟比赛等。在这一系统训练过程中,运动员能熟练掌握正确的技术和丰富的战术,练就强壮的身体,铸造坚毅的意志品质。因此,龙舟运动的训练是一项系统工程。

第二节 龙舟运动体能训练的生理学基础

《运动训练学》一书指出:"体能是指运动员机体的基本活动能力,是运动员竞技能力的重要组成部分,包括身体形态、身体机能和运动素质"。德国训练学专家 Hartmann 指出:"体能是以人体三大供能系统的能量代谢活动为基础,通过骨骼肌系统表现出来的运动能力。"当然,也可以直接将体能理解为身体素质。不论从哪种角度来解释"体能"这一概念,我们都不能否认它在训练学中的重要性。因此,体能训练是所有体育运动项目训练体系中不可或缺的一部分,以体能主导类的龙舟运动训练则更加注重体能训练。

当前,体能训练是各个运动项目都关注的热点和重点训练工作。国外体能训练的先进理念和方法,如核心训练、功能性训练、恢复与再生训练、能量代谢训练等已经渗透到国内各个运动项目的体能训练中。在现代体能训练过程中,体能训练的分支越来越细,甚至每种体能素质都有相关的训练专家,如力量训练专家、速度训练专家等。体能训练注重动作训练、核心训练、力量训练和康复训练的结合,注重训练后的恢复与再生等,使得体能训练更加精细化、系统化和科学化,因此,运动员在降低受伤风险的前提下,体能训练的效果显著增加,同时也大大地延长了运动员的运动寿命。

从身体素质来看体能这一概念,体能包括力量素质、速度素质、耐力素质、灵敏素质、柔韧素质、平衡素质等,不同素质的训练根据项目特征和比赛需求,被分配至不同的训练板块,最终整合为运动员的专项体能,来提高竞技能力。就龙舟运动而言,由于该项目对力量素质和耐力素质的需求要远远高于其他身体素质要素,因此这两种素质也是本教材要讨论的重点。

本教材基于现代体能训练理念和方法、编者所在教练团队在龙舟体能训练上的训练经验,主要从体能训练的设计与方法、力量训练、耐力训练、热身和放松、防护性力量训练及训练周期安排等几个方面探讨龙舟运动的体能训练,其中融合传统力量训练和功能性训练的理念和方法,如传统经典的双侧力量训练、奥林匹克举、负荷增长模式,以及功能性力量中的动态拉伸和自我筋膜放松、单侧肢体训练、核心力量训练、旋转与抗旋转力量训练等内容。

一、骨骼肌

肌肉由肌纤维(或称肌细胞)组成。每条肌纤维由结缔组织肌内膜包裹,多条肌纤维组成肌束,并由肌束膜包裹,而多个肌束构成一块肌肉,肌肉外表由结缔组织膜——肌外膜包裹。整块肌肉由中间的肌腹和两端的肌腱组成,肌腹具有收缩功能,两端连于肌腱,肌腱没有收缩功能,一端附着在骨骼上。

每条肌纤维都由数根肌原纤维组成,肌原纤维由粗肌丝和细肌丝排列组成。每条肌原纤维由A带(暗带)和I带(明带)按照一定规律排列组成。粗肌丝形成A带,细肌丝连在Z线,组成I带,粗细肌丝互相交错对插。Z线之间的部分称为肌节。粗肌丝主要由肌球蛋白组成,在肌球蛋白分子上有横桥,且具有三磷酸腺苷(ATP)酶活性,能够分解ATP,产生能量用于横桥运动(见图1-1)。细肌丝主要由肌动蛋白、原肌球蛋白和肌钙蛋白组成。其中,肌动蛋白上具有与横桥结合的位点;原肌球蛋白能够阻抑位点;肌钙蛋白含有亚单位I、亚单位T和亚单位C,能够与钙离子结合解除原肌球蛋白对结合位点的阻抑作用。

骨骼肌的收缩原理是基于肌丝滑行学说的解释。当运动神经上的神经冲动到达神经末梢,肌细胞膜产生兴奋,随之肌质网向肌浆释放钙离子,细胞内钙离子浓度升高时,肌钙蛋白亚单位C与钙离子结合,使得整个肌钙蛋白分子构型改变,而引起原肌球蛋白分子变构,暴露肌动蛋白分子上的活性位点使肌动蛋白与横桥结合,从而使细肌丝向粗肌丝滑动,相邻的Z线互相靠近,肌节缩短,最终使肌纤维收缩。

肌纤维具有不同的种类,一般根据肌肉的收缩速度,将其分为Ⅰ型(慢肌)和Ⅱ型(快肌),其中Ⅱ型还包括ⅡA、ⅡB和ⅡC三种亚型。Ⅰ型以红肌纤维为主,含有大量的肌红蛋白,有氧氧化能力强,耐久性强,所受支配的运动神经元较小,收缩力量小,收缩速度

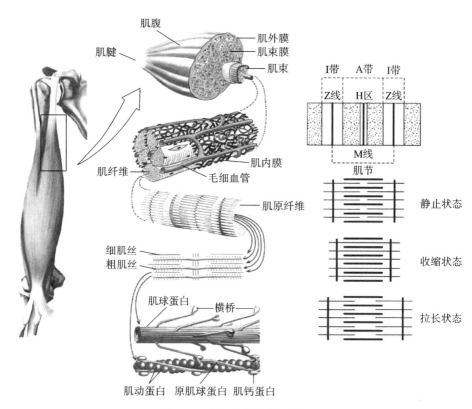

图 1-1 肌纤维的超微结构图

慢。Ⅱ型以白肌纤维为主，收缩蛋白数量多，无氧代谢能力强，所受支配的运动神经元较大，收缩力量大，收缩速度快，易疲劳。

运动单位指一个α运动神经元和受其支配的肌纤维所组成的最基本的肌肉收缩单位，可以分为快肌运动单位和慢肌运动单位。一般而言，肌肉收缩时产生的力量大小和运动单位动员(运动单位募集)的数量成正比。快肌运动单位和慢肌运动单位所受刺激的阈值不同，慢肌运动单位的刺激阈值较低，低负荷刺激就会募集多数的慢肌运动单位，而快肌运动单位的刺激阈值较高，只有高负荷刺激才能激活更多的快肌运动单位。这也是采用大强度负荷来训练肌肉力量的原理之一。

一般根据骨骼肌参与运动的发力特征，将其分为主动肌、拮抗肌、协同肌和稳定肌，任何运动动作都不是通过孤立的肌群发力实现的，而是主动肌、拮抗肌、协同肌和稳定肌之间相互协调发力的。主动肌指运动中的主要发力肌群，也是力量训练的主要目标。拮抗肌是在运动中对抗主动肌发力的肌群，来限制动作活动幅度。协同肌指在运动过程中虽然不是主要的发力肌群，但是能够协同主动肌发力的肌肉。稳定肌指为主动肌发力提供稳定支撑的肌肉。

骨骼肌的收缩根据肌肉收缩时的长度可以分为向心收缩、等长收缩、离心收缩和等动收缩。向心收缩指肌肉收缩时长度缩短的收缩。在此过程中，通过肌肉缩短拉动骨骼而产生身体运动，通过骨骼的杠杆作用克服阻力做正功。等长收缩指肌肉收缩时长度不变的收缩。这种收缩由于肌肉长度不变，不能使骨骼发生运动，不会产生身体运动。稳定肌通常做等长收缩。离心收缩指肌肉在收缩产生张力的同时被拉长的收缩。在此过程中，通过骨骼的杠杆作用克服阻力做负功，例如在多数运动中的下落动作、训练动作中的下放动作等。等动收缩指在关节运动的整个范围内，肌肉以恒定的速度产生阻力相等的力量的收缩。

不同的力量训练会引起肌肉对负荷的不同适应，表现在肌纤维收缩力增加、肌肉肥大和中枢神经系统机能水平提高等。力量训练能够增加肌纤维蛋白，使肌肉横截面积增加，提高整体肌肉收缩力。肌肉肥大包括肌浆型功能性肥大和肌原纤维型功能性肥大，前者指肌纤维中非收缩蛋白成分的增加产生的肌肉体积的增加，后者指肌纤维中的收缩蛋白含量增多以及肌原纤维体积增大。另外，根据对训练适应的时间长短，将肌肉肥大分为短时间的肌肉肥大和长时间的肌肉肥大。前者指某次训练后肌肉的短暂的液体积聚造成的"泵"效应，在训练后的数小时内即恢复正常状态。后者指长期的训练给肌肉带来的结构上的变化，即肌肉的选择性肥大。这类肌肉肥大持续的时间较长，在停止训练后的较长时间内则慢慢减退。

在力量训练中，通常会选择中高强度、少重复次数的训练。中枢神经系统机能水平的改善体现在力量训练能够提高运动中枢同步兴奋及中枢神经之间的协调能力。

二、心血管系统

机体的心血管系统由心脏和血管系统构成。心血管系统是体内物质运送、新陈代谢、激素或体液运输的场所和媒介，在神经和体液的调节下，满足和分配机体对血液的需求。心脏的节律性收缩和舒张为血液循环提供源源不断的动力源。心脏输出量（即每分钟左心室射入主动脉的血量）和心力贮备（即心脏输出量随机体代谢需求而增长的能力）是评价心脏泵血功能的重要指标。血管包括动脉、静脉和毛细血管三类。血液由心室泵出，在血压压力下流经动脉、毛细血管和静脉构成的血管系统，并实现物质运输、交换、代谢等功能。不同类型的血管的生理作用不同。

心血管系统在运动训练尤其是耐力训练中会产生多种适应性变化，以满足运动项目对人体机能的需求。主要表现在窦性心动徐缓、运动性心脏肥大和心血管机能的改善。窦性心动徐缓指由于控制心脏活动的迷走神经作用的增强使安静时心率下降的生理现象。运动性心脏肥大则是指长期运动负荷下心肌增厚或心室腔增大的现象。心血管机能改善主要表现在心脏的输出量的增加。这些适应性改变是对运动负荷的积极性适应，使机体能够应对训练和比赛对机体的刺激。

三、能量代谢系统

糖类、脂肪、蛋白质、水、无机盐和维生素是人体所需的基本营养物质，其中糖类、脂肪、蛋白质为人体提供能量来源，也被称为人体的三大能源物质。在运动开始阶段，机体首先分解肌糖原，在维持5~10分钟的运动后，血糖便开始参与供能。脂肪作为机体安静时的主要能源物质，只有持续运动30分钟左右时，才能达到最大输出功率。当运动时间持续在30分钟以上，多为耐力性运动项目，蛋白质才开始作为能源为机体提供能量。

三磷酸腺苷（ATP）是人体内部能量的基本单位。人体在运动中不断利用、消耗、补充这一能量基本单位。ATP由腺嘌呤、核糖和磷酸基团三个独立的亚基单位组成，其中三个磷酸基团通过高能键相连。ATP在酶的催化下，可快速地分解为二磷酸腺苷（ADP）和磷酸盐（P_i），并释放能量（E）。在ATP被分解的同时，补充过程已经开始，即由肌肉中的磷酸肌酸（CP）释放能量和ADP再合成ATP。而CP的再合成则在于能源物质的分解(见图1-2)。

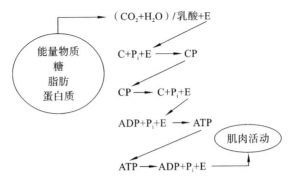

图1-2 能源在肌肉活动中产生能量的过程

人体运动所需的能量来源于三种不同的能源功能系统,包括即时(ATP—CP)能量系统、短时(糖酵解)能量系统和长时(氧化磷酸化)能量系统,也分别被称作磷酸原系统、酵解能系统和氧化能系统。其中,前两者属于无氧代谢,氧化能系统属于有氧代谢。磷酸原系统能够迅速产生ATP,但ATP数量有限,持续时间少于10秒,为高强度、短时间的运动项目供能。酵解能系统在氧气不充足的情况下,通过糖原酵解过程产生ATP,数量较多,同时生成乳酸,适合为持续时间30～130秒、高强度、中等距离的运动项目供能。氧化能系统则是糖、脂肪、蛋白质在氧气充足时通过氧化分解产生ATP,数量最多,但产生ATP的时间慢,适合为时间更长的运动供能(见表1-1)。

表1-1 三大能源系统供能特征

能源系统	底物	贮量 (mmol/kg)	合成ATP量 (mmol/kg)	可供运动时间	供给ATP恢复的物质和代谢产物
磷酸原系统	ATP	4～6		6～8秒	CP
	CP	15～17	100	<10秒	CP+ADP→ATP+C
酵解能系统	肌糖原	365	250	2～3分钟	肌糖原→乳酸
氧化能系统	肌糖原	365	13000	>3～5分钟	糖→CO_2+H_2O
	脂肪	49	不受限	1～2小时	脂肪→CO_2+H_2O 蛋白质→CO_2+H_2O+尿素

任何运动项目的能量供应都不是单一的,都是以某种能量系统为主,同时兼具其他能量系统(见图1-3)。由于比赛距离的不同,龙舟运动的能量供应具有多样性,每种供能系统所占比例不同。整体来讲,短距离100米和200米直道赛中,运动员在起航之后会以高桨频一直到终点,在起航到加速的较短时间内,会快速动用磷酸原系统供能,在之后的划船中则是以快速糖酵解系统供能。对于500～800米距离的比赛,通常在起航阶段,需要运动员在最短时间内划动船体,这时以磷酸原系统供能;之后通过加速使船速慢慢接近最大,这时以快速酵解能系统供能为主;然后进入途中划阶段,以慢速酵解能系统供能为主。如果是1000米及以上的长距离项目,途中划则是以氧化能系统供能为主,到最后的冲刺阶段,需要再次加速,又开始动用磷酸原系统和快速酵解能系统供能(见表1-2)。

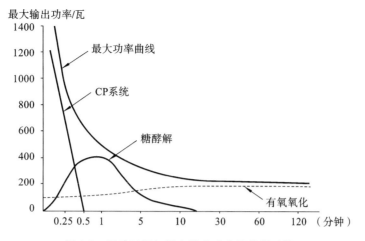

图 1-3 运动时间与最大输出功率及能源系统

表 1-2 龙舟比赛能量源供应特征

能量系统		100 m	200 m	500 m	800 m	1000 m 及以上
磷酸原系统		*****	***	*	*	—
酵解能系统	快速糖酵解	****	*****	***	**	*
	慢速糖酵解	*	***	*****	*****	**
氧化能系统		—	*	**	***	*****

注:"*"表示重要程度,"—"表示无。

第二章
龙舟运动力量训练的原则和设计

《运动生理学》一书指出："肌肉力量是绝大多数运动形式的基础"，并将肌肉力量分为绝对力量、相对力量、肌肉爆发力和肌肉耐力等类型。其中，绝对力量指肌肉做最大收缩所能产生的张力；相对力量指肌肉单位生理横截面及肌纤维做最大收缩时所能产生的肌张力；肌肉爆发力指肌肉在最短时间收缩时所能产生的最大张力；肌肉耐力指肌肉长时间收缩的能力。除此之外，还有专门性力量即运动动作所涉及的肌肉的力量。

龙舟运动员在划船过程中通过桨对水施加向后的力量，一方面克服船体和水之间的摩擦力，另一方面克服自身和船体的重力。从起航到冲刺，龙舟运动员所表现出的力量覆盖了上述几种力量类型。在起航阶段，前桨划中，通过最大力量占主导，因为运动员要尽可能表现出最大的力量（即使不能完全体现真正意义上的最大力量），来克服船体和自身的惯性，使之由静变动。紧接着进入快速加速阶段，为了保持船体启动起来的速度，运动员必须在较短的时间内快速发力，利用船体向前移动惯性，快速加快桨频，此时肌肉爆发力占主导。待船加速后，便进入途中划阶段，此时肌肉耐力（无氧耐力）占主导地位，随着时间的延长，肌肉耐力（有氧耐力）开始占主导地位，以维持途中船的速度。最后冲刺阶段，需要通过加快桨频来获取最后的加速，此时肌肉的无氧耐力又开始占主导地位，直到船冲过终点。可以看出，龙舟运动员的力量是由多种力量类型构成的，所以在力量训练中，应该根据不同的训练阶段，有针对性地训练相应的力量类型。一般来讲，根据力量周期训练，一般训练阶段主要以最大力量为主，专项训练阶段主要以力量耐力和专项力量为主。

良好的力量素质不仅能够直接提高龙舟运动员的竞技能力，而且还能够有效地降低运动员的受伤风险。龙舟运动是一项以单侧肢体发力的周期性运动项目，运动员在训练和比赛中要在这一单一的动作周期中不断地使用同一部位提供动力，没有充足的力量支撑，这些部位则处于高受伤风险中。比如，龙舟运动员的肩部、肘部、手腕和下背部是常见的过用性损伤部位，所以提高这些部位的力量水平来降低受伤风险是每位龙舟运动员必须做的功课。

肌肉力量受到多种生物学因素的影响，主要有肌纤维横截面、肌纤维类型和运动单位、动员的肌纤维数量、神经系统的机能状况等。通常来讲，肌纤维横截面积越大，肌肉的收缩力量越强；快肌纤维以及动员的快肌运动单位产生的肌肉收缩力量大于慢肌纤维和慢肌运动单位。肌肉收缩时动员的肌纤维数量越多，肌肉收缩的力量就越大，中枢神经兴奋程度越高，运动单位同步兴奋的数量越多。当然，肌肉力量还与性别、年龄等相关。

第一节　力量训练原则及法则

一、力量训练原则

大负荷原则,指训练阻力要达到次肌肉最大负荷能力或超过其最大负荷能力。由于肌肉内的运动单位兴奋性不同,低负荷并不能使中枢神经调动兴奋性高的运动单位参与肌肉收缩,只有足够大的负荷刺激(大于或等于80%最大负荷)才能使中枢神经调动更多、兴奋性更高的运动单位参与肌肉收缩。

超负荷原则,指采用的训练量和强度要比运动员平时所做的更加剧烈。比如,增加每日或每周训练的次数、增加训练中的训练动作或组数、缩短动作之间的间歇时间,目的就是强调对身体施加比以往更高水平的训练压力。

渐增负荷原则,指训练中应该保持负荷的不断增加来保证最大力量的持续增长。机体会对每次的力量负荷产生适应性,如果持续地运用某一负荷,机体不会产生新的适应,力量也就不会持续增长。所以,一旦肌肉适应了某一负荷,就应该在此基础上增加新强度的负荷水平。

专门性原则,指力量训练应该与运动项目相适应。力量训练之前应该对运动项目特征有详细的了解,这里的相适应并非动作上的适应,而是动用的肌群、肌肉收缩速度和能量代谢系统上的适应。慢速的力量训练显然不能满足快速爆发性的运动项目的力量需求,单独的最大力量训练也不能满足肌肉长时间工作的需要。仅设计与专项动作相似的力量练习并不能使运动员的力量水平得到全面发展。

平衡原则,指力量训练应该注意肌肉力量水平之间的平衡发展。表现在前后肌群力量之间和左右肌群力量之间的平衡,这些肌群力量之间的差距应保持在合理区间内,过大的差距会增加受伤风险。因此,在力量训练动作的选择上应该遵循在不同运动平面内的推、拉、举、旋转动作之间的平衡,双侧动作和单侧动作之间的平衡,屈伸动作之间的平衡,这对全面提高力量水平和降低运动损伤是至关重要的。

二、力量训练法则

著名的运动训练专家迈克博耶尔曾经提出力量训练的5项基本法则,目的在于确保运动员对训练产生有效的适应性,降低受伤风险。

法则一:发展关节灵活性。多数的力量训练动作都应该使用主要关节的最大活动幅度,尤其是髋关节、膝关节和踝关节,因为良好的关节灵活性能够降低损伤风险。

法则二:发展肌腱力量。肌肉力量的增长速度要远高于肌腱和韧带的力量增长,只注重肌肉力量的发展而忽视肌腱力量,会使得肌腱和韧带处于较高的受伤风险中。而肌腱力量的发展应该在训练的早期阶段进行。

法则三:发展核心力量。躯干肌群的力量是肢体力量发展的基础,核心区的力量能够缓冲运动对身体的冲击,稳定身体,有效地传递肢体力量、降低下部损伤。

法则四:发展稳定肌力量。主动肌收缩并有效发力需要通过稳定肌等长收缩提供稳定支撑。人体的稳定肌既包括躯干的深层肌肉,如腹横肌、脊柱周围肌群等,还包括小关节肌,如肩袖肌群。稳定肌的训练是力量训练的重要组成部分。

法则五：训练动作而不是孤立的肌群。力量训练的目的是提高运动员在运动中技能的增长，而运动员的技能是建立在动力链基础上的多关节运动，而不是依靠孤立的肌肉提供动力的单关节运动。所以在力量训练动作的选择上，应以多关节动作为主，某些具有支持作用的单关节动作为辅。

第二节　力量训练的设计

力量训练的设计是一项较难的工作，合理的力量训练设计能够有效提升运动员的力量水平；反之，不合理的力量训练设计会耽误运动员的力量水平的发展，甚至造成运动损伤。一般来讲力量训练的设计包括以下几大要素：项目需求分析和评估、训练动作选择、训练频率、训练动作顺序、训练强度、训练量及间歇时间。制订一项完整的、科学的、龙舟力量训练计划，应该全面考虑上述所有因素。

一、项目需求分析和评估

项目需求分析是制订力量训练计划的第一步，目的是要正确认识项目本身和运动员的当前力量状况，因此包括评估运动项目特征及需求和评估运动员的力量水平。

（一）运动项目特征及需求

了解运动项目特征和需求是进行力量训练的前提，只有正确认识运动项目特征，才可能设计有针对性的力量训练计划。该过程应该从动作模式及参与肌群、不同力量类型的优先顺序和易产生损伤部位等方面来分析运动项目。

1. 龙舟运动动作模式及参与肌群

龙舟的划船动作是单侧肢体周期性的推拉、屈伸、旋转动作，划船的力量来源于支撑腿的蹬伸、腰部后伸及上身旋转、上背部和手臂的后拉及前撑的共同整合，是基于动力链的发力模式。因此，上体的推拉、旋转和下体的蹬伸是其基本的动作模式。在插桨阶段，上身前屈、双臂前伸并向下用力，腹部直肌、腹内外斜肌、胸大肌、三角肌中前束、肱二头肌为主要发力肌群。拉桨阶段，下肢、躯干和上肢瞬间同时发力，臀肌、大腿前后肌群、躯干回旋肌、下背部肌群、背阔肌、上背部肌群、三角肌后束、肱三头肌等成为主要发力肌群；非划桨侧，胸大肌、三角肌中前束、肱二头肌为主要发力肌群。提桨阶段，上背部肌群、三角肌中前束、肱二头肌为主要发力肌群。回桨阶段，上身和双臂上抬，胸大肌、三角肌中前束、肱二头肌为主要发力肌群。小臂肌群在整个插桨和拉桨阶段近似于等长收缩（见图 2-1、图 2-2，表 2-1）。

2. 龙舟运动不同力量类型的优先顺序

龙舟中的划船实际上是克服船体和人体重量以及水的摩擦力的过程，首先运动员必须通过最大的发力将船从静止状态启动，然后再进入不同的划船阶段，因此，最大力量对龙舟运动员是基础。在随后的加速阶段、途中阶段和冲刺阶段，机体依次动用爆发力和力量耐力（有氧和无氧）。因此，要在最大力量的基础上，发展运动员的爆发力和力量耐力水平。

3. 龙舟运动易产生损伤的部位

由于龙舟的划船技术是单一的周期性动作，上述的各个部位的软组织和关节不断地重复相同的工作，如果力量薄弱，很容易造成过用性损伤。划手常见损伤部位有腕部、肩部、肘部、腰部、肋间、膝关节和手指,鼓手常见损伤部位有肩部、肘部、腕部和手指,舵手常见损伤部位有腕部、膝关节。

图 2-1　插桨—拉桨—提桨—回桨(侧面)

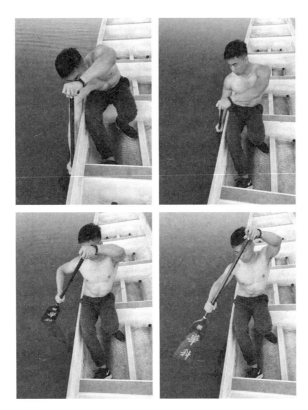

图 2-2　插桨—拉桨—提桨—回桨(正面)

龙舟划船
完整动作

表 2-1　各划船阶段的动作模式及主要发力肌群

阶　　段	动 作 描 述	主要发力肌群
插桨	上身前屈且回旋，双臂前伸，外侧腿微屈	腹直肌、腹内外斜肌、胸大肌、三角肌中前束、肱二头肌
拉桨	上身后伸且回旋，上手臂后伸，上手臂前撑，外侧腿蹬伸，内侧腿固定	划桨侧：股四头肌、腘绳肌、臀肌、腹直肌、腹内外斜肌、下背部肌群、背阔肌、上背部肌群、三角肌后束、肱三头肌
		非划桨侧：胸大肌、三角肌中前束、肱二头肌、腹内外斜肌
提桨	上身后伸，双臂上举，外侧腿微屈	上背部肌群、三角肌中前束、肱二头肌
回桨	上身前屈，双臂上举，外侧腿微屈	胸大肌、三角肌中前束、肱二头肌
	小臂在整个过程中基本以撑、握为主	小臂肌群在整个过程中近似于等长收缩

（二）评估运动员

评估运动员是评价运动员的训练及伤病情况，系列测试包括力量测试等过程。其中力量测试是评估工作的最重要的部分，因此本教材只对龙舟运动员的力量测试方法进行详细讲解。

力量测试能够客观评价运动员的力量水平，使教练员和运动员对运动员力量水平有清楚的认识，并精准地定位所需改进的部位，也是制订具有针对性力量训练计划的重要前提。一般来讲，根据力量的分类，每种分类都有对应的力量测试方法，常见的有最大力量测试、爆发力测试、力量耐力测试、核心力量测试等。龙舟运动员的力量测试主要包括最大力量测试、力量耐力测试和专项力量耐力测试。龙舟运动员力量测试的目标是获得龙舟运动员的最大力量和最多重复次数。在某一重量下，运动员能举起的最多重复次数简称为 RM，1RM 指的是运动员只能举起 1 次某个重量，这就是该运动员的最大力量。同理，10RM 指运动员只能举起 10 次某个重量。最大力量可以直接测得，也可以通过 RM 百分比推算得到（见表 2-2）。

表 2-2　RM 百分比和重复次数的关系

RM 百分	100	95	93	90	87	85	73	70	77	75	70	67	65	60	50	40	30
可能重复次数	1	2	3	4	5	6	7	8	9	10	11	12	15	20	30	50	100

表 2-2 中 RM 百分和重复次数的这种关系虽然能够为负重训练提供强度参考，但是由于两者并非真正的线性关系，并不能广泛地用于每一个运动员。为此，通过 1RM 百分比估算的负重强度并不准确地反映运动员所需负荷强度，但是通过 1RM 百分比估算的负荷强度要比非测试所得的 1RM 估算更加准确。对于龙舟运动员而言，上身最大力量相比下肢最大力量更符合划船的需求，因此，对上身主要训练动作多用 1RM 测试法，下身主要训练动作多采用多 RM 测试，而辅助训练动作多采用多 RM 测试。此外，由于 1RM 测试对大肌肉群施加的物理压力较大，需要受试者正确地完成测试动作，有力量训练经验的运动员可以直接采用该方法测试，而没有力量训练经验的运动员应该先学习和

掌握正确测试动作后,才可接受 1RM 力量测试。不论力量训练经验的长短,所有 1RM 测试都应该在体能教练或专门测试人员的监督和保护下进行。具体操作过程如表 2-3 所示。

表 2-3 1RM 的测试操作具体流程

A. 指导受试者测试动作热身,一般采用可较轻松重复 5~10 次的重量
B. 休息 1 分钟
C. 用以下的配重方式,估计可以完成 3~5 次重复的热身重量
上身动作 10~20 磅(4~5 公斤)或 5%~10%
下身动作 30~40 磅(14~18 公斤)或 10%~20%
D. 休息 2 分钟
E. 用以下的配重方式,保守估计可以完成 2~3 次重复的次最大重量
上身动作 10~20 磅(4~5 公斤)或 5%~10%
下身动作 30~40 磅(14~18 公斤)或 10%~20%
F. 休息 2~4 分钟
G. 增加配重
上身动作 10~20 磅(4~5 公斤)或 5%~10%
下身动作 30~40 磅(14~18 公斤)或 10%~20%
H. 尝试最大重量
I. 如果试举成功,休息 2~4 分钟后返回步骤 G
如果失败,休息 2~4 分钟,以下列方式降低配重,之后回到步骤 H
上身动作 5~10 磅(2~4 公斤)或 2.5%~5%
下身动作 15~20 磅(7~9 公斤)或 5%~10%
J. 继续增加或降低配重,直到能够成功完成 1 次重复,为了降低受试的疲劳程度对最大重量带来的影响,受试者最好能在 5 次测试中测出最大重量

龙舟运动员的力量测试主要包括最大力量、力量耐力、专项力量耐力测试三种测试。其中 1RM 测试动作包括卧拉、站姿蹬腿、卧推和硬拉,10RM 测试动作包括引体向上、臂屈伸、杠铃推举,力量耐力测试动作包括徒手引体向上、徒手臂屈伸和腰腹力量耐力,专项力量耐力测试包括 1 分钟既定重量卧拉、1 分钟既定重量卧推。

测试项目顺序,按照 1RM 力量、10RM 力量、速度力量耐力测试和力量耐力测试顺序进行。

测试动作顺序,1RM 力量测试,1RM 卧拉、1RM 站姿蹬腿、1RM 卧推、1RM 硬拉,10RM 力量测试按 10RM 引体向上、10RM 臂屈伸、10RM 杠铃推举,其中引体向上还可以使用既定重量来测定次数,例如负重 10~20 公斤测试引体向上最大次数。力量耐力测试按徒手引体向上、徒手臂屈伸、1 分钟卷腹、1 分钟山羊挺身顺序进行。专项力量耐力测试按 1 分钟 40 公斤及以上的卧拉、1 分钟 40 公斤及以上的卧推顺序进行。如果测试时间充分,则将最大力量测试和力量耐力测试分散在不同的测试日内;如果测试时间不充分,则可以将两者分散在当天不同的测试课中。如果必须要在同一测试课内完成测试,则在遵守合理的测试动作顺序时,保证受试者有充分的间歇时间。

1. 1RM 力量测试

1RM 力量测试要求：4 个动作按照如下的动作描述和保护方法执行，尤其卧推测试。运动员在接受完 1 项测试后，要保证充分休息后再进行下一项测试，直到完成所有测试。

1) 1RM 卧拉（步骤参考 1RM 测试流程）

设备：20 公斤标准杠铃杆、不同重量且足够数量的杠铃片（最低 1 公斤）、2 个安全扣环、卧拉架、1 名记录人员、1 名保护者。

测试步骤：

A. 如本书中所描述的动作（见第三章龙舟力量训练方法的卧拉动作），使运动员正确执行卧拉，卧拉架的高度能使受试者在合适握宽前提下双臂保持伸直。

B. 开始测试时，受试者先用轻重量完成 5～10 次的动作热身。

C. 在达到最大重量前，受试者应完成 2 组及以上的大重量热身，其重量可完成 2～3 次重复。

D. 保证受试者能在 3～5 次试拉中完成最大力量测试。测试过程中，受试者必须上身及下颌紧贴平凳，且杠铃接触到卧拉架的下端才算完成动作。保护者在受试者测试过程中不用提供保护，只需更换配重。

E. 记录最大重量。

2) 1RM 硬拉（步骤参考 1RM 测试流程）

设备：20 公斤标准杠铃杆、不同重量且足够数量的杠铃片（最低 1 公斤）、2 个安全扣环、1 名记录人员、1 名保护者。

测试步骤：

A. 如本书中所描述的动作（见第三章龙舟力量训练方法中的硬拉动作），使运动员正确执行硬拉。

B. 开始测试时，受试者先用轻重量完成 5～10 次的动作热身。

C. 在达到最大重量前，受试者应完成 2 组及以上的大重量热身，其重量可完成 2～3 次重复。

D. 保证受试者能在 3～5 次试上拉中完成最大力量测试。保护者在受试者测试过程中不用提供保护，只需更换配重。

E. 记录最大重量。

3) 1RM 卧推（步骤参考 1RM 测试流程）

设备：20 公斤标准杠铃杆、不同重量且足够数量的杠铃片（最低 1 公斤）、2 个安全扣环、卧推架、1 名记录人员、1 名保护者。

测试步骤：

A. 如本书中所描述的动作（见第三章龙舟力量训练方法中的卧推动作），使运动员正确执行卧推。

B. 由保护者站在受试者头后的卧推架平台或地面上，当受试者在动作过程中出现失败时，保护者要及时提供双手托住杠铃并和受试者共同将杠铃放回至卧推架上。另外还需更换配重。

C. 开始测试时，受试者先用轻重量完成 5～10 次的动作热身。

D. 在达到最大重量前，受试者应完成 2 组及以上的大重量热身，其重量可完成 2～3

次重复。

E. 保证受试者能在 3~5 次试推中完成最大力量测试。

F. 记录最大重量。

4）1RM 坐姿蹬腿（步骤参考 1RM 测试流程）

设备：蹬腿器、不同重量且足够数量的杠铃片（最低 1 公斤）、2 个安全扣环、1 名记录人员、1 名保护者。

测试步骤：

A. 如本书中所描述的动作（见第三章龙舟力量训练部分的坐姿蹬腿），使运动员正确执行坐姿蹬腿。

B. 开始测试时，受试者先用轻重量完成 5~10 次的动作热身。

C. 在达到最大重量前，受试者应完成 2 组及以上的大重量热身，其重量可完成 2~3 次重复。

D. 保证受试者能在 3~5 次试蹬腿中完成最大力量测试。保护者在受试者测试过程中不用提供保护，只需更换配重。

E. 记录最大重量。

2. 10RM 力量测试

由于 10RM 针对的是相对较小肌群的力量测试，测试中增加的配重相对较低，一般为 1~2 公斤。3 个动作按照书中所描述的动作和保护方法执行。运动员在接受完 1 项测试后，要保证充分休息后再进行下一项测试，直到完成所有测试。

1）10RM 引体向上

10RM 引体向上主要针对能够完成徒手引体向上 15 次及以上的运动员。徒手引体向上不能完成 15 次的运动员只测试徒手引体的最大次数即可。

设备：引体架、不同重量且足够数量的杠铃片（最低 2.5 公斤）、负重带、1 名记录人员、1 名保护者。

测试步骤：

A. 如本书中所描述的动作（见第三章龙舟力量训练方法中的引体向上动作），使运动员正确执行引体向上。

B. 开始测试时，将负重带绑在受试者腰间，重量垂直吊在腰前，受试者先用轻重量完成 2~3 次左右的动作热身。

C. 保证受试者能在 2~3 次试引体向上中完成 10RM 测试。保护者在受试者测试过程中不用提供保护，只需更换配重和稳定受试者身体，使其在负重的情况下减少晃动。

D. 记录 10RM 重量。

2）10RM 臂屈伸

10RM 臂屈伸主要针对能够完成徒手臂屈伸 15 次及以上的运动员。徒手臂屈伸不能完成 15 次的运动员只测试徒手臂屈伸的最大次数即可。

设备：臂屈伸架、不同重量且足够数量的杠铃片（最低 2.5 公斤）、负重带、1 名记录人员、1 名保护者。

测试步骤：

A. 如本书中所描述的动作（见第三章龙舟力量训练方法中的臂屈伸动作），使运动员正确执行臂屈伸。

B. 开始测试时,将负重带绑在受试者腰间,重量垂直吊在腰前,受试者先用轻重量完成 2~3 次左右的动作热身。

C. 保证受试者能在 2~3 次试臂屈伸中完成 10RM 测试。保护者在受试者测试过程中不用提供保护,只需更换配重和稳定受试者身体,使其在负重的情况下减少晃动。

D. 记录 10RM 重量。

3) 10RM 杠铃推举

设备:20 公斤标准杠铃杆、不同重量且足够数量的杠铃片(最低 1 公斤)、2 个安全扣环、1 名记录人员、1 名保护者。

测试步骤:

A. 如本书中所描述的动作(见第三章龙舟力量训练方法中的杠铃推举动作),使运动员正确执行杠铃推举。

B. 开始测试时,受试者先用轻重量完成 2~3 次左右的动作热身。

C. 保证受试者能在 2~3 次试推中完成 10RM 测试。保护者站在受试者身体后面,在受试者测试过程中失败时提供保护,并负责更换负重。

D. 记录 10RM 重量。

3. 力量耐力测试

1) 徒手引体向上(既定负重引体向上)

设备:引体架、负重带、1 名记录人员、1 名保护者。

测试步骤:

A. 如本书中所描述的动作(见第三章龙舟力量训练方法中的引体向上动作),使运动员正确执行引体向上。

B. 开始测试时,受试者先以适当的宽度正握引体架,保证双臂伸直,身体悬空。既定负重引体测试需要将负重带绑在受试者腰间,重量垂直吊在腰前。

C. 保证受试者下颌超过引体架横杠,且没有摆动。保护者负责稳定受试者的身体,使其不摆动。

D. 记录最多成功次数。

2) 徒手臂屈伸(既定负重引体向上)

设备:臂屈伸架、负重带、1 名记录人员、1 名保护者。

测试步骤:

A. 如本书中所描述的动作(见第三章龙舟力量训练方法中的臂屈伸),使运动员正确执行臂屈伸。

B. 开始测试时,受试者保证双臂伸直,身体悬空。既定负重臂屈伸测试需要将负重带绑在受试者腰间,重量垂直吊在腰前。

C. 下降时,保证受试者上臂和屈伸架平行,且没有摆动。保护者负责稳定受试者的身体,使其不摆动。

D. 记录最多成功次数。

3) 1 分钟山羊挺身测试

设备:山羊挺身架、秒表、1 名记录人员。

测试步骤:

A. 如本书中所描述的动作(见第三章龙舟力量训练方法中的山羊挺身动作),使运动员正确执行山羊挺身。

　　B. 开始测试时,受试者下放身体到最低。

　　C. 挺身时要保证身体在一条直线上。由记录人员计时和记录最多次数。

4) 1分钟卷腹测试

设备:垫子、秒表、白胶带、1名记录人员。

测试步骤:

　　A. 受试者平躺在垫子上,双腿屈膝90°,双臂伸直平放在身体两侧地面,且手指并拢掌心向下。

　　B. 紧挨中指前端横贴5~10厘米的白胶带,作为第一标记。在距离第一标记前方的平行位置贴白胶带作为第二标记。两标记间距因受试者的年龄差异有所不同,年龄在45岁以内距离12厘米,年龄在45岁以上距离8厘米。

　　C. 受试者测试全程保持伸直双臂,计时开始后,受试者通过卷腹将手臂从第一标记移至第二标记,算完成一次动作,之后使上身返回垫子且双肩要贴住垫子,然后再进行下次卷腹,直到时间结束。

　　D. 记录人员计时,并评判动作是否达标,最后记录1分钟的最多完成次数。

5) 专项耐力测试

(1) 1分钟卧拉测试。

设备:20公斤标准杠铃杆、不同重量且足够数量的杠铃片、2个安全扣环、卧拉架、1名记录人员、1名保护者。

测试步骤:

　　A. 如本书中所描述的动作(见第三章龙舟力量训练方法中的卧拉动作),使运动员正确执行卧拉,卧拉架的高度能使受试者在合适握宽前提下双臂保持伸直即为合适高度。依据队员整体情况选用重量,大学生龙舟运动员一般选用40~50公斤。

　　B. 要求受试者必须上身及下颌紧贴平凳,且杠铃接触到卧拉架的下端才算完成上拉动作,下放动作肘关节角度需大于90°。

　　C. 记录1分钟最多次数,包括连续次数和非连续次数。连续拉铃次数用来评价运动员连续快速拉桨的能力。

(2) 1分钟卧推测试。

设备:20公斤标准杠铃杆、不同重量且足够数量的杠铃片、2个安全扣环、卧拉架、1名记录人员、1名保护者。

测试步骤:

　　A. 如本书中所描述的动作(见第三章龙舟力量训练方法中的卧推动作),使运动员正确执行卧推。选用重量依据队员整体情况而定,大学生龙舟运动员一般选用40~50公斤。

　　B. 上推动作必须双臂完全伸直,下放动作必须肘关节角度小于或等于90°。

　　C. 记录1分钟最多次数,包括连续次数和非连续次数。连续推举次数用来评价运动员快速划桨的能力。

　　除此之外,还要对龙舟运动员的力量训练条件进行评价。良好的训练条件是有效开展力量训练的前提,训练设备、训练场地、训练人数等都是要考虑的因素。训练设备缺乏、训练场地不足、训练人数多是教练员经常遇到的问题,此时教练员应该根据能利用的器械和场地设计高效的动作,根据运动员的数量分配训练时间。

二、训练动作选择

在训练中,有许多的力量练习动作可以选择,关键是要根据项目需求进行选择。美国体能协会的体能训练教材将力量训练动作分为核心动作和辅助动作,其中核心动作指动用一种或多种大肌群,且包括两个和多个关节运动对运动表现具有直接作用的动作;辅助动作指动用小肌群且包含单关节运动,对运动表现相对不太重要的动作。根据上述力量训练动作的划分,本教材将龙舟力量训练的核心动作分为上肢动作、下肢动作、爆发力动作、腰腹动作和其他辅助动作,其中上下肢动作包括双侧上下肢动作和单侧上下肢动作,爆发力动作包括奥林匹克举和其变式动作,腰腹动作包括静态支撑动作和动态动作,辅助动作主要指某些单关节动作和其他形式的抗阻训练动作。

在动作的选择过程中还应该考虑运动员的技术动作经验、肌肉平衡和可支配训练时间。动作经验决定了运动员可接受的训练动作的数量和难易程度,动作经验丰富的运动员可以接受更多、更难的训练动作来提高负荷,相反,训练新手则要更加注重基础动作的训练。肌肉平衡在某种程度上决定了单侧动作和双侧动作、推拉动作、屈伸动作组合的比例。比如龙舟运动员多会出现上手侧和下手侧肌肉力量的不平衡,那么在训练中就应适当加入单侧力量训练动作来弥补两侧的不平衡。可支配训练时间决定了训练动作选择的数量、组数和间歇时间。通常,大学龙舟运动员尤其是普通大学生代表队运动员的训练时间较少,每节训练课的时间较短且人数较多,每周力量训练课较少,是每位教练员都应该考虑的问题。

三、训练频率

训练频率是指一定时间内(通常1周)所能实施力量训练的次数。运动员的力量训练频率取决于两次训练间的疲劳程度、训练水平。通常会在每周安排3次力量训练,来减缓每次训练后的疲劳。训练经验不足的运动员一般会采用全身的训练方式;经验丰富的运动员会采用分段的方式,即将身体不同部位分布在不同的训练课中,以增加训练频率。对于普通大学生龙舟运动员,训练频率取决于其日常上课次数,学生上文化课次数多,再加上考试周出现的时候,不得不削减力量训练的频率,只能通过增加训练课的密度,最大限度地增加对运动员的刺激。反之,则可以按照比赛日程正常展开训练。通常普通大学生龙舟运动员的力量训练每周安排3~4次,而且由于每次训练的时间有限,每次训练课以重点的核心动作为主,并穿插辅助动作。除此以外,其他形式的训练也会影响力量训练频率,比如水上训练、有氧和无氧训练等。

四、训练动作顺序

每次训练课训练动作顺序要以某一个动作不影响下一个动作为准。一般而言,需要神经极度兴奋的爆发力动作放在训练课的开始,然后是非爆发力的核心训练动作,最后是辅助动作。不易疲劳的大肌肉群训练在前,易疲劳的小肌肉群训练在后。为了保证动作之间影响程度最低,在训练课中可以采取上下交替训练顺序、上中下交替训练顺序、上中+下中训练顺序、推拉交替训练顺序等。上下交替训练顺序指先练上肢或下肢,再练下肢或上肢,最后进行躯干部位的练习。上中下交替训练指在上肢和下肢训练中穿插躯干部位的练习。上中+下中训练顺序指上肢训练和躯干训练组合,下肢训练和躯干训练组合。推拉交替训练指推的动作和拉的动作训练组合。对于普通大学生龙舟运动员来讲,由于训练水平较低,更应注意训练动作之间的顺序,以此降低动作之间的相互影响,保证每次力量训练课的训练效果。

五、训练强度

训练负荷包括训练强度和量度,其中在力量训练中,强度指的是每次使用的重量,量度指的是每次重复次数和组数。当然每个动作之间的间歇时间、组与组之间的间歇时间、训练频率等都会影响训练负荷。

力量的训练负荷强度一般通过 RM 百分比来确定。采用多大的 RM 和重复次数取决于训练者的目标。图 2-3 解释了训练目标和 RM 的关系,例如,针对肌肉力量的训练重复次数在 2~6RM,而针对肌肉肥大的目标训练重复次数区间为 6~12RM。单次最大努力的爆发力采用 1~2RM,对应 80%~90%1RM,而多次努力的爆发力采用 3~5RM,对应 75%~85%1RM。而肌肉耐力则需要在≤67%1RM 的强度下完成大于等于 12RM 的重复次数(见表 2-4)。对于普通大学生龙舟运动员的力量负荷也应遵循这些原则。每周应该怎样安排负荷练习,参考力量周期训练。

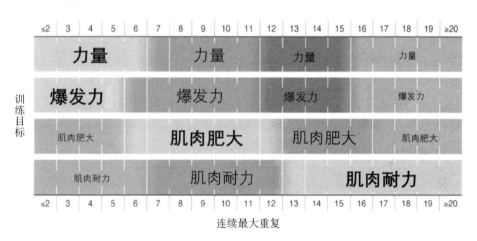

图 2-3 RM 连续图

注:字号越大,表示训练次数所达到的相应目标越强烈。

表 2-4 根据训练目标设定负荷及重复次数

训练目标		负荷(%1RM)	重复次数
肌力*		≥85	≤6
爆发力**	一次性活动	80~90	1~2
	多次性活动	75~85	3~5
肌肉肥大		67~85	6~12
肌耐力		≤67	≥12

注:* 表示肌肉力量训练只适用于核心训练动作,辅助训练动作的负荷要限制在不超过 8RM。** 表示爆发力训练负荷强度和重复次数与%1RM 与重复次数的关系并非一致,一般而言,80%1RM 的重量爆发力练习次数为 2~5 次。

运动员会对每次的训练做出反应,并逐渐适应当前的训练负荷,根据循序渐进原则,需要在原来的基础上增加负荷,使其产生新的适应来进一步促进力量的增长。对于增加训练负荷来讲,通常遵循"2-2"法则,即某一训练动作的最后一组,如在连续 2 次的训练课中都能做出比设定的重复次数多出 2 个时,则下次训练课就应增加训练负荷。增加负荷量的方法可参考表 2-5,具体增加重量因运动员的训练水平和状态而定。

表 2-5 不同身材条件下增加配重的选择

身材类别	身体部位	增加估计值
短小瘦弱	上半身	1~2 公斤
	下半身	2~4 公斤
高大强壮	上半身	2~4 公斤以上
	下半身	4~7 公斤以上

六、训练量

训练量指每次训练课负重总数,等于组数×重复次数×每次负重。这里的组数一般可以分为热身组和正式组,前者只是作为动作的热身,通常重量较小,也因人而异,不计入训练量中。正式组的所有组数才是训练课训练量的体现。以往研究表明,多组数的训练效果要比单组数的训练效果好。对于龙舟运动员而言,通常核心训练动作采用正式组大于或等于 3 组的训练组数,而辅助训练动作正式组多采用 3~4 组的训练组数。一般而言,核心训练动作强度较大时,正式组的训练组数稍多;反之强度较小时,正式组的训练组数较少。比如,普通大学龙舟运动员针对肌肉力量的强度通常会在 85%~90% 1RM,正式组在 5~8 组;而肌肉耐力强度通常在 60%~70% 1RM,正式组在 3~4 组。

七、间歇时间

间歇时间指动作之间和组数之间的休息恢复时间。不同的间歇时间取决于训练目标的设定,总体来讲,重量越重,间歇时间越长,反之越短,如表 2-6 所示。肌肉力量和爆发力训练强度大、时间短,动用磷酸原系统供能,需要恢复的时间较长。肌肉肥大和肌肉耐力训练动用酵解能和氧化能,需要恢复的时间相对较短。

表 2-6 不同训练目的的间歇时间

训练目标		间歇时间
肌力*		2~5 分钟
爆发力**	一次性活动	2~5 分钟
	多次性活动	
肌肉肥大		30~90 秒
肌耐力		30 秒以内

注:* 表示肌肉力量训练只适用于核心训练动作,辅助训练动作的负荷要限制在不超过 8RM。** 表示爆发力训练负荷强度和重复次数与%1RM与重复次数的关系并非一致,一般而言,80%1RM 的重量爆发力练习次数为 2~5 次。

第三章

龙舟运动力量训练方法

根据龙舟划船动作分析和动作所动用的主要发力肌群,将龙舟力量训练动作分为四大部分,即上身的力量训练、下身的力量训练、整体爆发力训练(奥林匹克举)和核心力量训练。其中,根据上身力量训练动作在运动平面中的方向,将其分为水平方向核心动作与辅助动作、垂直方向核心动作与辅助动作;根据下身力量训练动作的双侧和单侧之分,将其分为双侧下肢力量动作和单侧下肢力量动作;整体爆发力训练动作以奥林匹克举及其变式为主;根据躯干肌的动作状态、屈伸和旋转模式,将核心力量训练分为静态支撑类动作、动态支撑类动作、屈曲卷腹类动作、背部后伸动作、旋转类动作和对角线类动作。

力量训练器械一般分为自由器械和组合器械,前者指没有固定的运动轨迹、可以随意支配的器械,如杠铃、哑铃、壶铃等,后者指具有特定的运动轨迹的、不能随意更改器械运动轨迹和角度的器械,如史密斯架、下拉器、划船器等。由于自由器械没有固定的运动轨迹,可以根据运动的需求来设计较多的训练动作,同时自由器械相较于组合器械对练习者稳定性、躯干力量有更高的要求,再考虑到多数大学龙舟队的力量训练设备并不齐全,多数以杠铃、哑铃等自由器械为主,并配备少量的组合器械,所以在本教材的力量训练方法章节,将介绍以自由器械为主,少量组合器械为辅的力量训练方法。

第一节　上身力量训练方法

一、上身水平方向核心力量训练动作

龙舟的划船技术以水平方向上的推拉动作为主,如撑桨和拉桨动作。因此,上身水平方向上的力量训练动作是龙舟运动员上肢力量训练的主要动作,在这些动作中,应优先练习和划船动作相近的动作,如卧拉、坐姿划船等。

（一）卧拉

卧拉动作的主要发力肌群:背阔肌、斜方肌中束、大圆肌、菱形肌、三角肌后束。

【动作要领】

A. 准备动作。身体趴在卧拉架靠上的位置,双臂自然下垂,保证双肘关节处于伸展状态,双手正握杠铃,握距同肩宽或稍宽于肩宽。杠铃位于卧拉架正下方,且平行对齐于胸骨中段至胸骨柄处。上背收紧,保持收腹挺胸,下颌贴于架上,双腿自然并拢(见图 3-1)。

B. 拉杠动作。保持上背收紧,收腹挺胸,肘关节外展 45°,靠上背部发力,快速将杠铃垂直向上拉至卧拉架下沿(见图 3-2)。

卧拉

图 3-1 卧拉准备动作

注：也可以采取反握。反握法更多地运用大臂前侧（肱二头肌和肱肌）的力量。

图 3-2 卧拉拉杠动作

C.下放杠铃：当杠铃触及卧拉架下沿后，慢慢将杠铃下放至起始位置。

【常见动作问题】

（1）准备动作时杠铃摆放在胸骨过于靠上或靠下的位置。若杠铃摆放过于靠上，在垂直提拉杠铃时不能保持肘关节内收，容易在提拉过程中出现双肘关节平行于杠铃，导致肱骨头挤压，容易造成肩部损伤。为了使杠铃能够提拉至胸骨中段至胸骨柄正下方的卧拉架下沿，杠铃的移动轨迹沿斜下方移动，这样不能保证杠铃的最短移动路径。若杠铃摆放过于靠下，为了使杠铃能够提拉至胸骨中段至胸骨柄正下方的卧拉架下沿，杠铃的移动轨迹沿斜上方移动，同样不能保证杠铃的最短移动路径（见图 3-3）。

图 3-3 卧拉拉杠的错误位置

（2）准备动作时手臂弯曲。这种情况通常是由于运动员手臂过长造成的。通常在准备动作的时候，双臂能够在正常握宽的前提下，双肘关节处于伸展状态且肩胛骨处于外展状态（肩胛骨向两侧被拉开的感觉），使背部肌肉处于预拉伸且达到最佳发力状态。而双臂弯曲并不能预拉长背部肌肉，影响了发力状态和运动幅度。

（3）提拉杠铃时胸部抬起。通常运动员在提拉大重量的时候，通过抬高胸部使杠铃撞到卧拉架下沿以显示动作的完成，来达到大重量的自我满足。其实这是借助胸椎或腰椎抬高的"作弊"来完成动作（见图3-4），而并非完全靠上背部肌群。由于胸椎或腰椎的抬高，对胸椎末端和腰椎下端产生的压力较大，增加了这两处的受伤风险。提拉杠铃是基于上背部的肌肉收缩，因此为了上背部更好地发力，应保持收腹挺胸。

图3-4　卧拉拉杠时错误动作：胸部上抬

（4）提拉杠铃时过度仰头。虽然头部上抬并不会造成动作上的"作弊"，但是过度的抬头动作会引起斜方肌上束的紧张而影响背部的发力。因此，在提拉过程中，保持头部的正常解剖位置有助于上背部肌肉的协调发力。

（二）杠铃俯身划船

杠铃俯身划船动作近似于卧拉动作，不借助卧拉架，站姿完成动作。

主要发力肌群：背阔肌、斜方肌中束、大圆肌、菱形肌、三角肌后束。

【动作要领】

A. 准备动作。站立，双脚与肩同宽，脚趾朝前方，双膝稍弯曲，向前屈髋直至上身与地面保持平行，同时保持收腹挺胸，脊柱自然弯曲。双臂自然下垂于身体前方，双手正握杠铃，握距保持同肩宽，双眼注视前下方（见图3-5）。

B. 提拉杠动作。保持上背和臀部收紧，收腹挺胸，肘关节外展45°，靠上背部发力快速将杠铃拉至肚脐上方3～5厘米位置（见图3-6）。

C. 下放杠铃。当杠铃触及小腹后，慢慢将杠铃下放至起始位置。

【常见动作问题】

（1）在动作过程中不能始终保持正确的俯身状态，常见有拱背（见图3-7）、上身上抬、上身下放过多等。整个动作中，应以上身和地面平行为准。

（2）上拉过程中，通过上抬身体借力拉杠铃。全程应收紧臀部，保持固定的膝关节角度来阻止上拉过程中臀部的蹬伸和上身的上抬。

杠铃俯身
划船

图 3-5　杠铃俯身划船准备动作

注：也可以采取反握。反握法会更多地运用大臂前侧（肱二头肌和肱肌）的力量。

图 3-6　杠铃俯身划船的拉杠动作

图 3-7　拉杠时错误动作：拱背

（三）坐姿划船

坐姿划船在动作形式上接近于龙舟的划船动作，也是龙舟运动员练习上背部的主要动作之一。该动作相较于卧拉更多的是依靠腿部支撑，因此会用到腿的蹬伸力量，所以该动作会拉起更大的重量。同时为了保持上身的正直姿势，需要强大的核心力量来维持脊柱的稳定。

主要发力肌群：背阔肌、斜方肌中束、大圆肌、菱形肌、三角肌后束。

【动作要领】

A. 准备动作。坐在划船器平凳上，双手正握把手两端，与肩同宽并自然伸直。双眼平视前方，上背收紧且保持收腹挺胸。双脚踩在脚蹬位置，双膝屈曲 120°且保持和脚尖相同方向（图 3-8）。

B. 拉杠动作。保持上背收紧，收腹挺胸，双腿和上身保持稳定且颈部放松。靠上背部发力，双肘关节水平向后拉，肩胛骨后缩至最大幅度（见图 3-9）。

坐姿划船

图 3-8 坐姿划船的准备动作　　图 3-9 坐姿划船的拉杠动作

注：也可以采取反握。反握法会更多地运用到大臂前侧（肱二头肌和肱肌）的力量。

C.动作还原。当达到动作顶峰，按照把手的移动轨迹慢慢地放回起始位置，同时保持上背收紧，收腹挺胸，双腿和上身保持稳定且颈部放松。

【常见动作问题】

（1）准备动作时拱背。在准备动作时，不能很好地保持脊柱的自然弯曲，胸椎或腰椎向后拱起，此时如果保持头部动作不变，双肩自动前送，出现"探头"现象，在此准备动作下，斜方肌收缩紧张而影响上背部目标肌群的发力。同时脊柱的压迫性弯曲给胸椎和腰椎带来压力。

（2）拉动把手的方向过于靠向胸大肌或以上。在拉动把手时不能保持把手沿水平方向移动，而是朝上提拉。第一种情况，肘关节仍然保持水平后平移，为了将把手拉至身体，小臂斜上移动，腕关节过度前屈，肱二头肌成为主动肌。第二种情况，肘关节和小臂同时斜上移动，为了将把手拉至身体，肘关节最终高于肩部高度（见图 3-10），斜方肌上束成为主动肌，肱骨过度挤压肩部。上述两种情况将肩关节和腕关节置于不利的解剖学位置，增加了受伤风险。

（3）拉动把手或动作还原时不能保持身体稳定。拉动把手时，上身主动后摆尤其在拉动大重量时（见图 3-11），通过"作弊"帮助完成动作，此时下背部肌群成为主动肌。动作还原时，上身跟随把手一起还原，出现上身拱背现象，这样既不能刺激到核心区的稳定肌群，又会给腰椎带来较大压力。

（4）回放动作过快。过快的回放动作一方面失去了对上背部肌群的离心收缩刺激，另一方面对器械尤其是带有滑轮和绳索的划船器容易造成损毁。

（四）卧推

卧推动作的主要发力肌群：胸大肌、肱三头肌、三角肌前束。

握法：采用正握法（见图 3-12）。将双手置于杠铃下方，手掌朝上，拇指和其他四指置于杠铃两侧，尽量将杠铃靠近掌根部位，握紧杠铃使杠铃杆能与"鱼际纹"对齐，并处于大拇指旁边的高点的"鱼际隆起"和手掌另一侧的隆起的"小鱼际"之间。

握距：原则是当杠铃杆下落至胸上时，前臂能够垂直于地面（图 3-13）。参考距离为（双手食指间的距离在 55.9～71.1 厘米）。过窄的距离使肱三头肌贡献的力量较多，但

图 3-10 拉动把手时错误动作:肘关节上抬

图 3-11 拉动把手时错误动作:身体后摆

是降低了整体的负重;过宽的距离使胸大肌贡献的力量较多,降低了肱三头肌和三角肌的使用。因此,良好的握距应该在保证能够举起较大重量的前提下,能同时刺激到胸大肌、肱三头肌和三角肌。

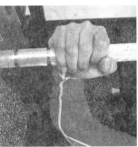
图 3-12 卧推的正握法

图 3-13 卧推时前臂与地面垂直

【动作要领】

A. 准备动作。仰卧于卧推架平凳上,收腹挺胸,保持脊柱的自然生理弯曲,双腿以肩宽的距离分开并全脚掌踩地,脚尖打开 30°~45°且踝关节在膝盖的正下方,保证骨盆处于平坦位置,脚踝和膝关节处于能够对抗地面发力,且能使力量沿着卧推凳传递到肩膀的姿势。眼睛在卧推架挂钩的下方,此时双眼刚好能够垂直地看到天花板。双手握住杠铃,手腕稍前屈(稍立起),从架子上推起杠铃,然后锁定肘关节,将杠铃置于肩关节和盂肱关节所处直线的正上方,双眼平视杠铃相对于天花板的位置,而不是杠铃杆(见图 3-14)。

卧推(侧面)

卧推(正面)

图 3-14 卧推准备动作

B. 下放动作。深吸气，保持收腹挺胸，背部紧绷，双肘弯曲使杠铃杆下落并略微向双脚方向移动，直到杠铃杆触碰到胸骨中点的位置。此时肱骨处于75°外展状态（见图3-15）。

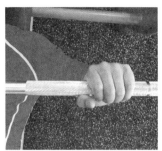

图 3-15　卧推下放动作

C. 上推动作。封闭声门，屏住呼吸，保持收腹挺胸，背部紧绷，双眼盯住杠铃正上方的天花板。当杠铃触碰到胸骨中点时，不要停顿，通过胸大肌、肱三头肌和三角肌同时发力将杠铃推回至起始位置，在动作顶端呼气（见图3-16）。

D. 收杠。完成上推动作后，还原至起始位置，然后将杠铃慢慢放回架子，而不是在动作没有完成时推回卧推架。

图 3-16　卧推上推动作

【常见动作问题】

（1）握法错误。常见的就是空握杠铃，这种握法一方面由于大拇指不能锁住杠铃而存在杠铃滑落的安全隐患；另一方面削弱了卧推的效率，因为空握杠铃并不能紧紧握住杠铃，从而降低了肘部远端肌肉的紧绷程度，影响举起更大重量。另一种常见的就是手腕过伸，使腕关节处于较大的压力之下（见图3-17）。

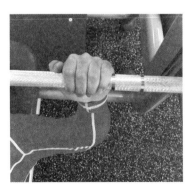

图 3-17　卧推常见错误握法

（2）握距不合理。常见的就是过窄和过宽的握距。过窄的握距减弱了胸大肌的发力程度，肱三头肌占据了发力的主要位置，同时在杠铃下落的过程中，腕关节会处在过度内收状态，腕关节的尺侧承受了更多的压力。过宽的握距则减弱了肱三头肌和三角肌的发力程度，同时在杠铃下落的过程中，腕关节会处于过多的外展状态，腕关节的桡侧承受了更多的压力(见图3-18)。因此,应该保证前臂和腕关节在杠铃移动的整个过程中处在正确的解剖姿势并保持和地面垂直的状态,由所有目标肌群共同参与发力。

图 3-18 卧推时的不合理握距

（3）准备动作的仰卧错误姿势。常见的有双腿并拢、双脚置于卧推平凳上、抬头、歪头、头部位于挂钩垂直线之上、含胸等,这些姿势一方面不能提供稳定的发力平台,影响肢体在杠铃移动过程中的发力,另一方面不能使身体处于正确的解剖学姿势,使在发力过程中非正确解剖学部位处于较大压力状态。正确的仰卧姿势应该在保证正确的解剖学姿势和安全的前提下,使杠铃和身体处于发力的极佳位置。

（4）下放杠铃时肘部外展至90°或以上(见图3-19)。由于肘关节在杠铃下放过程中没有向脚尖方向轻微移动,而是直接沿着前臂和盂肱关节直线下落,使得杠铃在落到胸骨中点时双肘外展至90°,此时造成肩峰与喙突之间以及肩袖与肱二头肌肌腱挤压,加大了该部位的压力,增加了肩部的受伤风险。正确的应该是肘关节下放使肱骨外展75°左右,保持肩胛骨避开肱骨的运动路径。因此,杠铃从起始位置下放至胸骨中点以及杠铃推回的运动轨迹是一条斜线。

（5）不能将杠铃放置在胸骨中段。常见将杠铃放置在颈部和接近腹部,而使肘关节和杠铃杆不能垂直。

（6）没有全幅度地下放和推起杠铃。全幅动作模式一方面能够增加肌肉在杠铃的整个移动过程中的功,另一方面全幅动作可以保证力量能够在关节到达的每个位置发展出来。肌肉只会接受在某个角度所施加的负荷刺激,而不会在其他角度有所力量发展。因此,在卧推的下放过程中应该将杠铃碰到胸骨中点,在上推过程中双肘关节应该完全伸直。

（7）杠铃在落到胸骨中点时故意用胸骨弹起杠铃。在进行大重量卧推时,运动员有时会借助杠铃在胸骨上的反弹将杠铃推起,这种"作弊"动作并不能锻炼杠铃触碰至胸骨中点时上肢的力量,也给胸骨带来了较大的压力。正确的做法应该是杠铃轻轻触碰到胸骨中点时不加停顿地将杠铃推起。

（8）推杠铃时抬髋。有时运动员为了将更大重量推起,在发力的顶点时会通过抬髋将杠铃推起,这也是卧推过程中的"作弊"行为(见图3-20)。正确的做法是在杠铃移动过程中,保持收腹挺胸,挺起下背,而不能把臀部抬离卧推平凳。

（9）推杠铃时左右发力不均。一般而言,人的优势手的力量要稍微大于非优势手,当推举较大重量时这种现象更加明显。因此,当出现这种情况时应及时提醒练习者或练习者把更多的注意力转移至非优势手上。此外,上述情况的出现也可能是由于练习者在推杠铃的时候头部位置发生转动或者偏移造成两边的用力不均,所以在推举杠铃时应保持头部在正直位时贴于卧推平凳上。也可能练习者在准备动作的时候没能均衡地握住

图 3-19　卧推时错误动作：肘关节过度外展

图 3-20　卧推上推时错误动作：抬髋

杠铃杆，造成两边的不平衡，所以在准备动作时双手应以杠铃的中心标志为参照，双手均匀地握在杠铃杆上。

【保护方法】

练习者在卧推过程中存在安全问题，尤其在推举较大重量时，应该配备保护者。保护者站在练习者头部的正后方且对应杠铃的正中位置。保护者要尽量靠近杠铃杆保证在保护的时候能够有力地抓住杠铃。在完成动作保护后，应尽量靠后以不影响练习者观察天花板的视野。这样保护者可以在练习者练习的任何过程中提供保护动作（见图 3-21）。当练习者难以将重量推至起始位置时或者练习者主动要求保护时，保护者应在上述位置中提供保护，通常双手反握或正反交替握在练习者双手内侧来提供保护。在正常的训练中，一般不建议在杠铃两端设置保护者，因为两个保护者站在杠铃两端对保护时机把握不同，会给杠铃带来不平衡而影响练习者的发力甚至带来安全隐患。

图 3-21　卧推中的单人保护

二、上身水平方向辅助力量训练动作

（一）哑铃俯身单臂划船

哑铃俯身单臂划船作为卧拉的辅助练习方法，可训练运动员的单侧上肢水平方向后拉的力量，同时也是加强肩关节稳定性的力量训练方法。

主要发力肌群：背阔肌、斜方肌中束、大圆肌、菱形肌、三角肌后束。

【动作要领】

A. 准备动作。第一种：单腿跪姿(以右侧为例)。左膝跪在平凳边缘位置，左手在左膝正前且在左肩的正下方，左大腿、左臂、上身和平凳基本上围成一个矩形，右腿站在跪姿的左膝旁边且膝盖稍微弯曲，两腿的宽度基本和髋关节同宽，右脚全掌踩在地上且脚尖指向前方，整个上身后背保持收腹挺胸和脊柱的自然生理弯曲，且基本上平行于平凳，身体重心位于右手和右膝的中间位置。保持头部正直，双眼正视下前方。右手抓握哑铃且掌心向内，手臂自然垂直下放且右肩胛骨稍微外展。第二种：双腿站姿俯身姿势(以右侧为例)，双腿以稍宽于肩宽的宽度站在地上，膝盖稍弯曲且脚尖指向前方。左手扶在和腰部同高度的固定物上，左臂稍弯曲，左手在地上的垂直投影点和双脚连线组成近似的等腰三角形，身体重心在三角形的正中间，整个上身后背保持收腹挺胸和脊柱的自然生理弯曲，且基本上平行于地面，保持头部正直，双眼正视前下方。右手抓握哑铃且掌心向内，手臂自然垂直下放且右肩胛骨稍微外展(见图3-22)。

图 3-22 哑铃俯身划船准备动作

B. 提拉动作。保持收腹挺胸和脊柱自然生理弯曲的前提下，以右上背为发力点提拉哑铃，且在提拉过程中保持小臂基本上垂直于地面，肘关节靠近右侧身体且肘尖朝向天花板。当右肩胛骨向脊柱充分内收时为动作顶峰(见图3-23)。

哑铃俯身单臂划船(第一种)　　哑铃俯身单臂划船(第二种)

图 3-23 哑铃俯身划船的提拉动作

C. 下放动作。当动作到达顶峰，沿哑铃被拉起的轨迹慢慢放回。

【常见动作问题】

(1) 准备姿势不规范。规范的准备姿势应该能够为提拉哑铃提供稳定的身体支撑。单腿跪姿中常见的问题有：跪姿的膝盖和支撑手距离过近或过远、站立脚过后或过外、不能保持正常的脊柱生理弯曲、上身朝上倾斜、过度地仰头或低头等。站姿常见的问题有：双脚的距离过宽或过窄、身体重心不能稳定在手脚围成的三角形中心、不能保持正常的脊柱生理弯曲、上身朝上倾斜、过度地仰头或低头等。上述姿势在哑铃的提拉过程中会影响动作的稳定性和发力感觉(见图 3-24)。

图 3-24　哑铃俯身划船准备动作中的不规范姿势

（2）提拉哑铃时肘关节和前臂常见问题。提拉哑铃时肘关节过分外展，正确的肘关节的提拉轨迹应该是在外展 45°之内向上提拉，而肘关节的大幅度外展使哑铃远离身体纵轴线，一方面降低了提拉的重量，另一方面三角肌后束发力程度增加，减弱了上背部的发力。此外，提拉哑铃时前臂不能与地面保持垂直，多见前臂前屈而肘关节没有充分向上提拉，以至于肩胛骨保持不动，这一动作只是变相的肱二头肌的弯举动作，肱二头肌成为主动肌（图 3-25）。

图 3-25　提拉时上臂的错误位置

（3）提拉哑铃时身体常见动作问题。提拉哑铃时背部拱起、身体过分地向上旋转、过分地蹬腿等是常见的为了拉起大重量出现的"作弊"动作。因此，为了更好地使目标肌群发力,应在哑铃移动的过程中保持脊柱的自然生理弯曲,控制转肩幅度,减少腿部蹬地力量的传递。

(二)单臂坐姿划船

单臂坐姿划船是双臂坐姿划船的衍生动作,跟龙舟的划船动作更为相近,是发展运动员划船技术中的下手力量的常见动作,也是练习专项力量的主要动作。根据与龙舟划船技术的相近程度,可以把单臂坐姿划船分为一般动作和专项动作两种。一般动作类似于双手划船动作,只是针对单侧上背部的肌肉力量,在动作形式上稍近似于划船动作,但没有运用全身的动力链。专项动作则是在划船器上最大限度地接近于划船动作,很好地运用动力链。

主要发力肌群:背阔肌、斜方肌中束、大圆肌、菱形肌、三角肌后束。

【动作要领】

A.准备动作。坐在划船器平凳上,单手握住手柄,手臂伸直,非发力手放在同侧下背或同侧膝上。上背收紧且保持收腹挺胸,脊柱自然生理弯曲。双眼平视前方,双脚放置在脚蹬位置、脚尖朝上,双膝屈曲且保持和脚尖相同方向(见图 3-26)。

B.拉杠动作。保持上背收紧,收腹挺胸,双腿和上身保持稳定且颈部放松。靠单侧的上背部发力,肘关节水平向后拉,直至发力手臂侧的肩关节向后旋转且手柄靠近同侧身体腹部外侧(见图 3-27)。

图 3-26 单臂坐姿划船准备动作

图 3-27 单臂坐姿划船拉杠动作

单臂坐姿划船

C.动作还原。当动作达到顶峰后,按照把手的移动轨迹慢慢将其放回起始位置,同时保持上背收紧,收腹挺胸,双腿和上身保持稳定且颈部放松。

【常见动作问题】

(1)准备动作时拱背。在准备动作时,不能很好地保持脊柱的自然弯曲,胸椎或腰椎向后拱起,此时如果保持头部动作不变,单侧肩部自动前送,出现"探头"现象,在此准备动作下,斜方肌收缩紧张而影响上背部目标肌群的发力。同时脊柱的压迫性弯曲给胸椎和腰椎带来极大压力。

(2)拉动把手肘关节运动轨迹错误。龙舟的划船动作是水平向后的动作,因此单臂划船动作的后拉也应该保持水平向后的动作轨迹。过分地肘关节外展或者向上提拉都不符合龙舟划船技术动作的要求,也不能最大程度地刺激划船时所需要的肌群。所以在单臂划船时,应保持肘关节水平向后的动作轨迹。

（3）在后拉的过程中身体过分后仰和动作还原时不能保持身体稳定。拉动把手时,单侧肩部过分后仰尤其在拉动大重量时,通过"作弊"帮助完成动作,此时下背部肌群成为主动肌(见图3-28)。动作还原时,上身跟随把手一起还原,出现拱背现象,这样既不能刺激核心区的稳定肌群,又会给腰椎带来较大压力。

图 3-28　后拉时错误动作:身体后仰

（4）回放动作过快。过快的回放动作一方面失去了对上背部肌群的离心收缩刺激,另一方面对器械尤其是带有滑轮和绳索的划船器容易造成损毁。

【专项动作要领】

A. 准备动作。坐在划船器平凳上,单手握住单把手柄,手臂伸直且前送肩部,非发力手放在同侧下背或同侧膝上。上背收紧且保持收腹挺胸,身体稍前倾。双眼平视前下方,一侧脚放置在脚蹬位置、脚尖朝上,膝屈曲90°且保持和脚尖相同方向,另一侧脚踩在地上且膝关节保持在90°以内,同龙舟划船动作的坐姿(见图3-29)。

B. 拉杠动作。保持上背收紧,依靠动力链发力蹬腿,向后伸腰、后拉、转肩。肘关节水平向后拉,直至发力手臂侧的肩关节向后旋转且手柄靠近同侧身体腹部外侧(见图3-30)。

单臂坐
姿划船
专项动作

图 3-29　单臂坐姿划船专项动作
　　　　　准备动作

图 3-30　单臂坐姿划船专项动作
　　　　　拉杠动作

C. 还原动作。当动作达到顶峰后,按照把手的移动轨迹慢慢放回起始位置。

【常见动作问题】

(1) 准备动作不规范。常见的问题有发力腿膝关节角度过大或过小、发力侧前送肩部过多,导致身体旋转幅度过大、头部跟着身体向外旋转、非发力腿脚尖点地等,这些错误动作一方面给良好的发力带来了不稳定的结构,另一方面影响了力量在动力链中的传递。因此,准备动作除了身体前倾的幅度较小外,其他要按照龙舟划船技术的准备动作的要求来安排。

(2) 动力链传递脱节。龙舟的划船动作并非单靠上肢的手拉动作,而是依靠力量在身体整体的动力链中的传递,力量在动力链中的产生和传递是在腿、腰、后背的伸展和旋转过程中瞬间完成的,因此单独完成其中的某个环节来发展动力链力量是错误的,表现在只靠手臂拉动手柄、腰的伸展和肩部旋转不充分或过度、腿部的蹬伸不够等。

(3) 肘关节的运动轨迹不正确。龙舟中的划船是水平向后的动作,因此在单臂划船动作的后拉也应该保持水平向后的动作轨迹。过分地肘关节外展或者向上提拉都不符合龙舟划船技术动作的要求,也不能最大限度地刺激龙舟划船时所需的肌群。所以在单臂划船时,应保持肘关节水平向后的动作轨迹。

(4) 动作还原过快。过快的动作还原一方面失去了对上背部肌群的离心收缩刺激,另一方面对器械尤其是带有滑轮和绳索的划船器械容易造成损毁。

(三) 哑铃卧推

哑铃卧推是在杠铃卧推基础上衍生的发展单臂水平推力量的主要动作,龙舟力量训练中常用的哑铃卧推动作包括平板哑铃卧推和斜板哑铃卧推,这两种动作形式又包括双侧哑铃卧推和单臂哑铃交替卧推。由于是单手完成重量的推举,因此不论哪种哑铃卧推,都是发展龙舟专项力量的主要动作。由于肩关节的角度不同,肩部肌群在动作过程中的发力程度由平板卧推到斜板卧推逐渐增加,和龙舟划船技术中的上手支撑的角度也逐渐接近,因此动作的专项性也逐渐加强。双侧哑铃卧推和单侧哑铃交替卧推只是动作上的变化,两者都能够发展运动员的水平推力量,也能很好地加强单臂在推举过程中的稳定性,这对龙舟划船中的上手撑桨十分关键。

主要发力肌群:胸大肌、肱三头肌、三角肌前束。

1. 平板哑铃卧推

【动作要领】

A. 准备动作。仰卧于平凳上,收腹挺胸,保持脊柱的自然生理弯曲,双腿以肩宽的距离分开并全脚掌踩地,脚尖打开30°~45°且踝关节在膝盖的正下方,骨盆处于平坦位置,脚踝和膝关节能够对抗地面发力且能使力量沿着卧推凳传递到肩膀的姿势。头部紧贴平凳,双眼垂直注视天花板。双手掌心向前正握哑铃,手腕稍前屈(稍立起),双臂伸直且锁定肘关节,将哑铃置于肩关节和盂肱关节所处直线的正上方的位置,且保持哑铃分开(见图3-31)。

平板哑铃卧推

B. 下放哑铃。深吸气,保持收腹挺胸,背部紧绷,双肘弯曲使哑铃下落并略微向双脚方向移动,直到哑铃连线接近或触碰到胸骨中点的位置,肱骨处于75°外展状态,同时保持前臂和肘关节在哑铃正下方且垂直于地面。双侧哑铃卧推需要同时下放哑铃,单侧哑铃的交替卧推需要下放一侧哑铃,另一侧保持准备动作(见图3-32)。

C. 上推哑铃。封闭声门,屏住呼吸,保持收腹挺胸,背部紧绷,双眼盯住哑铃正上方的天花板的位置，当哑铃连线接近或触碰到胸骨中点的位置时，不要停顿，保持前臂和肘关节在哑铃正下方且垂直于地面，通过胸大肌、肱三头肌和三角肌同时发力将哑铃向中间且向上推回至起始位置，在动作顶端呼气（见图3-33）。双侧哑铃卧推需要同时推起哑铃，单侧哑铃的交替卧推只需要推起下放的一侧哑铃。

图3-31　平板哑铃卧推准备动作　　图3-32　平板哑铃卧推下放动作　　图3-33　平板哑铃卧推上推动作

【常见动作问题】

（1）准备动作中常见问题有双腿并拢、双脚置于卧推平凳上、抬头、歪头、双臂晃动、哑铃间距过宽或紧贴、哑铃不能置于肩关节和盂肱关节所处直线的正上方的位置等。这些问题一方面不能提供稳定的发力身体位置，影响肢体在哑铃移动过程中的发力；另一方面不能使身体处于正确的解剖学姿势，使在发力过程中非正确解剖学部位处于较大压力状态。正确的仰卧姿势应该在保证正确的解剖学姿势和安全的前提下，使哑铃和身体处于发力的极佳位置。

（2）下放哑铃时肘部外展至90°或以上（类似于平板卧推）。由于肘关节在杠铃下放的过程中没有向脚尖方向轻微移动，而是直接沿着前臂和盂肱关节直线下落，使得哑铃连线在落到胸骨中点时双肘外展至90°，此时造成肩峰与喙突之间以及肩袖与肱二头肌肌腱挤压，加剧了该部位的压力，增加了肩部的受伤风险。正确的做法应该是肘关节下放使肱骨外展75°左右，保持肩胛骨避开肱骨的运动路径。

（3）没有全幅度地下放和推起哑铃。全幅动作模式一方面能够增加肌肉在杠铃的整个移动过程中的功，另一方面全幅动作可以保证力量能够在关节到达的每个位置发展出来。肌肉只会接受在某个角度所施加的负荷刺激，而不会在其他角度有所力量发展。因此，在哑铃的下放过程中应该将哑铃间的连线碰到胸骨中点，双肘在上推过程中完全伸直。

（4）哑铃在推起的过程中不能沿哑铃的起始位置和下放中点连线推回。常见的是向外、向前或后推等（见图3-34）。不论是双侧哑铃卧推，还是单臂哑铃卧推，哑铃的推回都应使哑铃沿起始位置和下放中点连线推回。

图3-34　上推哑铃的错误方向

（5）推起时抬髋。有时运动员为了将更大重量推起，在发力的顶点时通过抬髋将哑铃推起。正确的做法是在哑铃移动过程中，保持收腹挺胸，挺起下背，应提醒训练者不能把臀部抬离平凳。

（6）动作结束时将哑铃扔向地面。在动作完成时随意将哑铃扔向地板，一方面极易损毁哑铃，另一方面对其他练习者带来安全威胁。应在动作结束时在保护者帮助下卸下哑铃，或将哑铃下放至身体上，然后轻轻放在地上。

2. 斜板哑铃卧推

【动作要领】

A. 准备动作。仰卧于斜凳上，斜凳和地面角度为45°。后背紧靠凳子，收腹挺胸，保持脊柱的自然生理弯曲，双腿以肩宽的距离分开并全脚掌踩地，脚尖打开30°~45°且踝关节在膝盖的正下方，脚踝和膝关节能够对抗地面发力，且能使力量沿着斜凳传递到肩膀。头部紧贴斜凳，双眼朝上注视天花板。双手掌心向前正握哑铃，手腕稍前屈（稍立起）双臂伸直且锁定肘关节，将哑铃置于肩关节和盂肱关节所处直线的正上方的位置，且保持哑铃分开（见图3-35）。

B. 下放动作。深吸气，保持收腹挺胸，背部紧绷，双肘弯曲使哑铃下落，肱骨处于75°外展状态，直到哑铃连线接近或触碰到胸骨上端、锁骨下端的位置，同时保持前臂和肘关节在哑铃正下方且垂直于地面。双侧哑铃卧推需要同时下放哑铃，单侧哑铃的交替卧推需要下放一侧哑铃，另一侧保持准备动作（见图3-36）。

图3-35 斜板哑铃卧推准备动作

图3-36 斜板哑铃卧推下放动作

斜板哑铃卧推

C. 上推动作。封闭声门，屏住呼吸，保持收腹挺胸，背部紧绷，双眼盯住哑铃正上方的天花板的位置，当哑铃连线接近或触碰到胸骨上端、锁骨下端的位置时，不要停顿，保持前臂和肘关节在哑铃正下方且垂直于地面，通过胸大肌、肱三头肌和三角肌同时发力将哑铃向中间且向上推回到起始位置，在动作顶端呼气。双侧哑铃卧推需要同时推起哑铃，单侧哑铃的交替卧推只需要推起下放的一侧哑铃（见图3-37）。

图3-37 斜板哑铃卧推上推动作

【常见动作问题】

同平板哑铃卧推。

【保护方法】

不论何种哑铃卧推，在负重较大或练习者为初学者时都应该选择保护。保护者站于练习者身后较近的位置，当练习者开始准备动作后，保护者双手轻轻握住并稳定练习者的手腕,且随着练习者的下放、上推来上下移动身体,原则上是在能够保护练习者安全的前提下不影响练习者的发力感觉(见图3-38)。不建议采用双手平托练习者双肘的保护方式,因为这种方式不能在练习者无法支撑或推起的过程中提供安全的保护。

图3-38 哑铃卧推中的单人保护

（四）俯卧撑及其变式

俯卧撑及其变式作为常见的徒手练习方法也是龙舟力量训练中发展水平推的力量的辅助练习之一。在龙舟力量训练中常见的俯卧撑及其变式包括标准俯卧撑、夹肘关节俯卧撑和宽距俯卧撑等形式。

标准俯卧撑主要发力肌群包括胸大肌、肱三头肌、三角肌后伸和核心肌群。

【动作要领】

A. 准备动作。双手撑于地面,与肩同宽,位于肩部的正下方,五指分开并指向前方,双臂伸直且锁定肘关节。双脚脚尖撑地,靠拢或稍窄于肩宽。头、肩、膝、踝保持在一条直线上,收腹挺胸,保持脊柱的自然生理弯曲,眼睛正视地面(见图3-39)。

B. 下放动作。肘关节外展45°且向下弯曲直至双肘尖的连线通过上背部。身体在肘关节的弯曲过程中实现整体下放,且收腹挺胸,保持脊柱的自然生理弯曲(见图3-40)。

标准俯卧撑

图3-39 俯卧撑准备动作

C. 上推动作。当肘关节屈曲90°或更小角度时,通过胸大肌、肱三头肌、三角肌发力向上推起整个身体(见图3-41)。

图 3-40 俯卧撑下放动作

图 3-41 俯卧撑上推动作

夹肘俯卧撑,由于肘关节基本贴于身体两侧,削弱了胸大肌的力量贡献,肱三头肌和三角肌成为主要发力肌群。宽距俯卧撑,通过加宽两手间距,缩短了身体和地面的距离,胸大肌和背阔肌贡献力量更多。这两种动作在下放和上推过程中基本类似于标准俯卧撑,在准备动作上则稍有区别:夹肘俯卧撑,准备时需要肘关节紧贴身体两侧,下放动作时肘关节指向正后方,下放幅度更大甚至胸部能够触碰地面。宽距俯卧撑,准备时需要双手的间距宽于肩宽,下放幅度更容易贴到地面。

【常见动作问题】

(1)塌腰或者抬臀。不论是在准备阶段,还是在动作的过程中,都不应塌腰和抬臀。这两种动作问题说明练习者核心力量薄弱,不能在动作过程中为身体提供较好的发力平台,其中塌腰则会将更多的压力置于下背的腰椎。此外,两种错误的姿势也不利于身体的发力(见图 3-42)。

图 3-42 俯卧撑时错误动作:塌腰和抬臀

（2）肘关节过分外展。尤其在标准俯卧撑和宽距俯卧撑中，在下放和推起的过程中肘关节外展至 90°甚至超过 90°，类似于上文所述的卧推中的下放，这将肩关节置于较大的压力之下。因此在下放的过程中，肘关节的外展一般不超过 75°（见图 3-43）。

（五）臂屈伸

龙舟划船技术中，上手的插桨和前撑、下手的拉桨动作都需要强有力的肱三头肌

图 3-43　俯卧撑时错误动作：上臂过度外展

来提供力量支持，因此作为锻炼肱三头肌的主要练习方法，臂屈伸是龙舟力量训练中发展上臂肌肉力量的主要方法。臂屈伸包括多种形式，如双杠臂屈伸、坐姿臂屈伸、仰卧臂屈伸、颈后臂屈伸等。龙舟力量训练中使用最多的是双杠臂屈伸和坐姿臂屈伸，其中坐姿臂屈伸是基础动作，而双杠臂屈伸则是高级动作，两种动作都可以在徒手的基础上增加负重。

主要发力肌群：肱三头肌、胸大肌上束、三角肌前束。

1. 双杠臂屈伸

【动作要领】

A. 准备动作。将双杠宽度调至与肩同宽，双手撑在双杠上，双臂伸直且肩部撑起，双肘锁定，身体悬空，收腹挺胸，双腿垂直下放或根据双杠的高度折叠双腿。头部正直且目视前方（见图 3-44）。

B. 屈曲动作。肘关节向斜后方 45°弯曲，身体垂直下落至上臂平行于双杠，同时保持收腹挺胸，双眼平视前方（见图 3-45）。

C. 伸展动作。当下落至肘关节屈曲 90°或更低角度时，靠肱三头肌及其他上肢肌群发力将身体推起到准备动作，同时减少身体晃动（见图 3-46）。

双杠臂屈伸
（背面）

双杠臂屈伸
（侧面）

图 3-44　双杠臂屈伸准备动作

图 3-45　双杠臂屈伸下放动作　　　　　图 3-46　双杠臂屈伸伸展动作

【常见动作问题】

（1）准备动作常见的问题有双杠宽度相对于肩宽过宽、撑在双杠上的腕关节过度后伸、塌肩等。这些准备动作既不能为动作的实施提供稳定的支撑条件，同时也会影响目标肌群的发力，并给相应的关节带来不必要的压力。

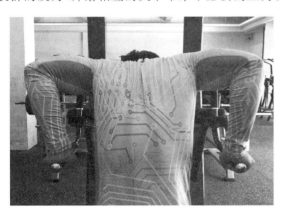

图 3-47　屈肘时错误动作：肘关节过度外展

（2）肘关节屈曲方向不对。在屈肘时，肘关节过度外展至上臂几乎垂直于双杠（见图 3-47），这种情况类似于卧推中的下放问题，即肘关节外展 90°或以上，同样地在臂屈伸中肘关节过度外展也会给肩关节带来较大压力。

（3）动作幅度问题。肘关节的屈曲角度不够或伸展角度不够，而不能全幅度地刺激肱三头肌。

（4）肘关节伸展时借助小腿上摆。小腿的上摆动作会给身体施加向上的惯性，而不是主要靠上臂肌群的发力，因而不能完全锻炼肱三头肌。

2. 坐姿臂屈伸

【动作要领】

A. 准备动作。双手置于平凳边缘，手指朝前，双手臂宽度以能够碰到髋关节两侧为准。双脚脚跟置于另外的平凳或其他同样高度的物件上，当没有合适的物件使用时，可以找搭档托起双脚且达到与平凳同样高度。双膝弯曲不低于 90°。臀部稍微离开平凳，保持收腹挺胸。双眼平视前方（见图 3-48）。

B. 屈曲动作。向斜后 45°方向弯曲双肘关节，同时臀部沿平凳边沿垂直下落直至上臂平行于平凳，同时保持收腹挺胸和双脚、双腿的稳定（见图 3-49）。

C. 伸展动作。当下落至肘关节屈曲 90°或更小角度，靠肱三头肌及其他上肢肌群发力将身体推起到准备动作（见图 3-50）。

坐姿臂屈伸

图 3-48　坐姿臂屈伸准备动作

图 3-49　坐姿臂屈伸屈臂动作　　　　图 3-50　坐姿臂屈伸伸展动作

【常见动作问题】

最常见的问题就是臀部在动作过程中位置过于靠前，以至于肱骨和身体的角度过大，造成肩部的压力过大（见图 3-51）。应该保持臀部刚刚露出平凳边沿且上下垂直移动。其他动作问题类似于双杠臂屈伸。

图 3-51　屈臂时臀部的错误位置

双杠臂屈伸除了可以通过坐姿臂屈伸辅助之外，还可以通过助力辅助来练习。通常助力人员站在练习者身后，双手托住练习者的脚踝，保持练习者在动作过程中身体重心在两臂中间，使练习者既能够借力，又不影响其用力。

上述两种臂屈伸都可以选择负重来增加上臂的绝对力量。通常能够连续完成 3~4 组，每组 15 次臂屈伸就可以增加负重。双杠臂屈伸通常使用负重带绑定杠铃片来增加负重，杠铃片通常悬挂在两小腿后以更好地防止杠铃片在动作过程中的摆动。坐姿臂屈伸则是将杠铃片直接放置在大腿上方（见图 3-52）。负重双杠臂屈伸一般要求练习者每组完成 6~8 次来提高上肢的绝对力量，而坐姿臂屈伸一般要求练习者完成更多的次数如 15～20 次，在增加负重的前提下提高肌肉耐力或维度。

图 3-52　臂屈伸中的负重

（六）俯身哑铃飞鸟

主要发力肌群：菱形肌、三角肌后束、斜方肌上中束。

【动作要领】

A. 准备动作。站立位，双脚与肩同宽，脚尖朝前方，双膝稍弯曲，向前屈髋直至上身与地面保持平行，同时保持收腹挺胸，脊柱自然弯曲。双臂自然下垂于身体前方，双手正握杠铃且掌心相对，握宽保持肩宽，双眼注视前下方（见图 3-53）。

B. 飞鸟动作。肘关节微屈约 160°左右，在保持上背和臀部收紧，收腹挺胸前提下，靠上背部发

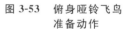

俯身哑铃飞鸟

图 3-53　俯身哑铃飞鸟准备动作

力，使双肩外展，直至最大幅度，在动作结束时两肘关节连线应与双耳在一个平面，且手腕与大臂保持水平或稍低于大臂。整个过程中，双掌心从开始动作时相对到动作结束时朝向地面。双手动作轨迹类似于半弧形（见图 3-54）。

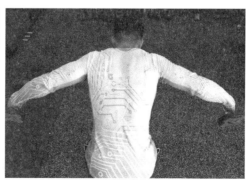

图 3-54　俯身哑铃飞鸟动作

C. 下放动作。达到动作最大幅度后，慢慢将哑铃沿原路放回。

【常见动作问题】

（1）在动作过程中不能始终保持正确的俯身动作，常见有拱背、上身上抬、上身下放

过多等(见图3-55)。整个动作中,应以上身和地面平行为准。

(2)飞鸟过程中,通过上抬身体借力拉铃。全过程应收紧臀部,保持固定的膝关节角度来阻止上拉过程中臀部的蹬伸和上身的上抬。

(3)飞鸟结束时,由于上背部力量不足,将双臂朝身体两侧打开,尤其会出现双臂朝向身后的现象(见图3-56)。

图3-55 俯身时错误动作:拱背

图3-56 飞鸟过程中错误动作:双臂朝后

(4)飞鸟过程中,不能保持肘关节屈曲角度,多出现直臂现象。或者先抬双上臂而后打开双前臂,类似于肘关节的屈伸动作。这些都会使肱三头肌成为主要发力肌。所以在动作过程中应该始终保持肘关节的屈曲角度。

(七)站姿单臂杠铃斜推

站姿单臂杠铃斜推是在站姿杠铃推举的基础上发展而来的,杠铃推举的动作轨迹完全是垂直的,而站姿单臂杠铃斜推的动作轨迹则是斜向上,类似于龙舟划船的上手撑桨的发力方向。这个动作需要固定杠铃杆一端,另一端用于抓握和配重。

主要发力肌群:三角肌前束、三角肌中束。

【动作要领】

A.准备动作。站立,双腿与肩同宽,保持收腹挺胸。单手抓握杠铃杆另一端,屈小臂在身体侧前方且小臂在杠铃杆正下方,使杠铃杆一端在肩部高度,且拳眼朝向身体。此时杠铃与身体保持一定距离,使杠铃杆倒向身体(见图3-57)。

B.斜推动作。由抓握杠铃杆的手臂侧肩部发力,将杠铃杆向斜上方推起,直至手臂完全伸直(见图3-58)。

图3-57 站姿单臂杠铃斜推准备动作

图3-58 站姿单臂杠铃斜推动作

站姿单臂杠铃斜推

C. 下放杠铃。斜推结束后,按推举动作原路返回至准备姿势。

【常见动作问题】

(1) 准备时小臂没有垂直于杠铃杆,推举时使手腕承受较大的压力(见图 3-59)。应该始终保持小臂垂直于杠铃杆,与杠铃杆的压力线重合。

(2) 推举过程中,依靠腿的蹬伸力量将杠铃杆推起(见图 3-60)。由于这里所介绍的站姿单臂杠铃斜推并非一个动力链的动作,而主要是依靠肩部力量推举,所以在推举过程中应该保持身体的稳定姿态,减少下肢蹬伸。

图 3-59　斜推准备时错误动作:小臂上抬　　图 3-60　推举中错误动作:下肢蹬伸

三、上身垂直方向核心力量训练动作

龙舟的划船动作中,上身除了在水平方向上的推拉外,还包括上肢在垂直方向上的推拉动作,如抽桨和插桨动作,因此需在训练中安排上身在垂直方向上的推拉动作。

(一) 引体向上及变式

引体向上是发展背部垂直方向上拉的能力,即背阔肌和肱二头肌的垂直力量的动作之一,也是龙舟力量训练的主体动作之一。引体向上有多种,在龙舟力量训练中经常使用的引体向上按照动作的难易程度包括反握窄式、对握式、反握标准式、正握窄式、正握标准式、正握宽式、负重引体等几种。由于握法的不同,锻炼的目标肌群也有所差异,如反握法更多地刺激背阔肌和肱二头肌,正握法更多地刺激背阔肌和肱三头肌,对握法则居于两者之间。

引体向上握法:反握指掌心朝向面部的握法;正握指掌心朝外的握法;对握指两掌心相对的握法;交替握指一手正握,另一手反握的握法(见图 3-61)。

(a) 反握　　　　　　　　　(b) 对握　　　　　　　　　(c) 正握

图 3-61　引体向上的不同握法

主要发力肌群：背阔肌、大圆肌、斜方肌中束、肱三头肌、肱二头肌。

【标准引体向上（正握标准式）动作要领】

A. 准备动作。双手以正握法握在引体架横杠上，握宽为肩宽或稍微宽于肩宽。双臂自然下垂，双腿根据引体架的高度垂直下放或两脚重叠。眼睛注视引体架横杠或正前方（见图3-62）。

B. 上拉动作。收腹挺胸，身体保持无晃动，先下压下转肩胛骨，而后由后背发力上拉，直至下颌超过横杠，或者锁骨靠下的胸骨能够触及横杠（见图3-63）。

引体向上
（侧面）

引体向上
（背面）

图3-62　引体向上准备动作　　　图3-63　引体向上上拉动作

C. 下放动作。当身体拉至最高点时，慢慢垂直下放直至还原到准备动作。

【常见动作问题】

（1）没有达到全幅动作。全幅动作才能够在上拉过程中刺激背阔肌和相关肌肉在每个角度中的力量水平。常见的问题主要是准备动作中手臂没有完全伸直、上拉过程中颈部和胸骨不能触及横杠。

（2）上拉动作轨迹问题。引体向上的上拉过程在理论上应该是身体垂直向上的过程，但是在实际上拉过程中，为了使胸骨上端能够触碰横杠，胸骨上端与横杠的触碰点连线是一条斜线，而并非完全的垂直线。多数上背部力量较弱的练习者，为了拉到目标点，手臂力量贡献较多，这时上体会出现远离横杠的现象。为了保证正确的身体移动轨迹，应该将更多的注意力转移到背阔肌上，先收紧后背，通过后背发力将身体拉至目标点。

（3）上拉过程身体过分摆动。利用身体摆动使下颌或胸骨上端达到横杠位置是引体向上中常见的"作弊"行为。在蝶式引体向上中通常会要求摆动身体利用身体的惯性达到引体的要求，但是这种摆动并不能给背阔肌及上肢肌群带来显著影响。所以，在一般的标准引体向上练习中，为了更好地发展背阔肌及上肢肌群的力量水平，要尽量减少身体的摆动。

（4）下放速度过快。过快的下放速度降低了下放过程中身体重量对背阔肌和上肢肌群带来的离心负荷刺激，因此慢速的下放动作实际上是对相关肌群的二次刺激。

【引体向上的辅助练习方法】

（1）助力引体向上。龙舟力量训练通常使用的助力工具包括弹力带和人力。不同力量水平的练习者可以选择不同磅数的弹力带，体重较轻、力量水平稍好的练习者可选择磅数较低的弹力带,体重较大、力量水平稍差的练习者可选择磅数较高的弹力带。同理,在没有任何辅助器材时,可以选择人力助力。体重较轻、力量水平稍好的练习者需要借助的人力较小,体重较大、力量水平稍差的练习者需要借助的人力较大。

方法:弹力带助力。选择一定磅数的弹力带,将弹力带系在引体横杠上,原则是在练习者上拉过程中能够借助弹力带的弹力完成标准引体向上动作,因此,弹力带的固定长度因人而异。双手均匀握在弹力带两边的横杠上,然后将单脚或双脚踩到弹力带上,之后按照上述动作要求完成动作。人力助力。助力者站在练习者身后,在练习者上拉的过程中,双手上推练习者的下背部或者双手抬起练习者的双脚踝提供助力,原则上既要保证练习者能够沿着正确的上拉轨迹完成动作,又要使练习者在不影响自己发力的前提下能够借到助力者一定的力量来完成动作(见图3-64)。

弹力带助力引体向上

人力助力引体向上

图 3-64 引体向上的助力形式

(2)难度较低的非标准引体向上。通常引体的双手握宽越宽则难度越大,正握法比反握法的难度大。因此,可以根据上述方法选择非标准引体向上动作,常见的动作有反握窄式、对握式、反握标准式、正握窄式。原则上能够完成15次引体向上,就可以选择增加引体向上的难度。

(3)离心引体向上。在引体向上的下放过程中,身体重量给目标肌群施加了一定程度的离心力量,而肌肉的离心力量要高于向心力量,因此,可以单独地使目标肌群在下放过程中接受离心刺激来提高其力量水平。练习者从引体向上的动作最高点用最慢的速度下放,直至还原到准备动作。还可以根据练习者的力量水平来选择负重。大负重的离心引体向上训练的每组次数较少,通常3～4次;小负重或无负重离心引体向上训练的每组次数因人而异,通常8～10次。

(4)其他辅助力量练习。坐姿下拉是发展和引体向上相近肌群力量的练习方法,区别在于引体向上是远固定,而坐姿下拉则是近固定。选择坐姿下拉作为引体向上的辅助练习方法通常会使用近似体重的重量来练习目标肌群的力量。此外,引体向上是以背部和上肢发力为主、身体核心力量发力为辅的全身力量锻炼方法,因此,加强腰腹力量也是提高引体向上水平的途径之一。

(5)负重引体向上。负重引体向上是标准引体向上的高级阶段,为了发展目标肌群的绝对力量和力量耐力,通常在标准引体向上能够达到连续3～4组每组完成15次后,选择负重引体向上(见图3-65)。负重选择的原则通常是在负重后能够完成4～6次标准引体向上,因此负重选择因人而异。

(二)杠铃推举

龙舟的划船技术中的上手在提桨、插桨和拉桨过程中扮演着重要角色,上手的肩部(三角肌、斜方肌上束等肌肉)力量对完成上述划船动作有着重要影响,因此有必要加强肩部的肌肉力量和稳定性。杠铃推举是龙舟力量训练中发展上肢在垂直方向上推能力的主要练习方法。通过在垂直方向上的推举杠铃来增加三角肌、肱三头肌、斜方肌上束等上肢肌肉力量以及肩关节的稳定性。一般来讲,杠铃推举可以选择坐姿、跪姿和站姿等不同姿势,其中站姿需要更大的核心力量支持,因此是龙舟力量训练经常选用的姿势。

负重引体向上

图 3-65 负重引体向上

主要发力肌群:三角肌前束、中束,肱三头肌,斜方肌上束。

【站姿杠铃推举动作要领】

A. 准备动作。将杠铃放到胸骨中间稍靠上的位置,双手正握杠铃,双手宽度即手的位置在同侧肩膀外侧 1/2~1 拳的距离,前臂垂直于地面或肘尖稍靠后。双腿与肩同宽,身体重心位于足弓正下方且在两腿中间,保持收腹挺胸。双眼正视前方。胸骨上端紧贴杠铃,将杠铃取出,使杠铃的垂直投影落在双脚足弓中间(见图 3-66)。

杠铃推举
(背面)

杠铃推举
(侧面)

图 3-66 杠铃推举准备动作

B. 上推动作。身体重心由足弓中间向前脚掌过渡,同时在保持双腿直立时向前稍送髋,上身稍后仰,双眼盯住杠铃。由肩部肌肉发力将杠铃沿杠铃和足弓中间连线的垂直线向上移动,在发力推动杠铃的同时,迅速回髋,上身也迅速返回准备动作位置,此时杠铃已经被推至最高点,肘关节锁定,双臂位于双耳两侧,杠铃的垂直投影线刚好穿过手臂、肩膀、膝关节和足弓正中心(见图 3-67)。

C. 下放动作。当双臂完全伸直且肘关节已锁定,将杠铃沿着上述垂直投影线下放,同时上身稍后仰,基本上能使杠铃在下放时几乎能够滑到接近练习者的鼻子,同时向前稍送髋,直至杠铃返回到准备动作,整个过程双眼紧盯杠铃。

跪姿杠铃推举和坐姿杠铃推举的上推和下放动作与站姿杠铃推举相似。其中,跪姿杠铃推举采用双膝跪地,在上推和下放过程中有轻微的送髋和上身后仰动作;坐姿杠铃推举需要练习者坐于平凳上,双脚与肩同宽踩在地上,保持收腹挺胸,在上推和下放的过

图 3-67 杠铃推举动作

程中,只有上身的稍微后仰。

【常见动作问题】

(1) 准备姿势问题。常见有握距过宽或过窄、杠铃没有贴在胸骨上端、肘关节在杠铃的前下方或过于靠后等(见图 3-68),这些准备动作一方面会影响上推过程中杠铃向上移动的轨迹和上肢的发力,另一方面将更多的压力置于肩关节和腕关节,给这些部位带来受伤风险。

(2) 上推问题。弯腿,为了推起较大重量,有些练习者会使用弯腿和蹬腿动作,借助蹬地力量将杠铃推至最高点,这种"作弊"动作削弱了肩部肌群的力量贡献水平。没有适当地送髋和上身后仰导致杠铃的上推轨迹先向斜前方而后再向上方直至最高点,这种情况首先使肩胛骨前移而挤压盂肱关节,造成肩关节承受较大压力。上身过分后仰导致直接向后上方推起杠铃,使得盂肱关节靠近肩胛骨,同样造成肩关节承受较大压力(见图 3-68)。

(3) 下放问题。常见的问题是杠铃在下放的过程中杠铃被放远离胸骨上端,这种情况将杠铃的所有总量全部压在腕关节,使其受伤风险增加(见图 3-68)。

图 3-68 杠铃上推常见动作问题

【保护方法】

在负重较大或练习者为初学者时都应该选择保护。保护者站在练习者身后,在练习者上推或下放过程中双手置于练习者手腕处随时提供保护（见图 3-69）。

图 3-69　杠铃上推保护动作

四、上身垂直方向辅助力量训练动作

龙舟力量训练中经常使用坐姿下拉和哑铃推举作为垂直方向上力量训练的辅助手段。其中坐姿下拉是训练背阔肌和上肢在垂直方向上力量的主要辅助手段，哑铃推举则是发展肩部三角肌的辅助练习方法。

（一）坐姿下拉

主要发力肌群：背阔肌、斜方肌中束、大圆肌、菱形肌、三角肌后束。

【动作要领】

A. 准备动作。面对坐姿下拉器，调整坐凳高度，将膝盖上方置于卡腿下，双脚踩在地面。双手正握下拉器手柄，握宽稍宽于肩宽，双臂伸直。身体稍后仰，保持收腹挺胸，双眼注视斜上方（见图 3-70）。

坐姿下拉

图 3-70　坐姿下拉准备动作

B. 下拉动作。保持身体稍后仰，收腹挺胸，后背收紧。通过后背肌群发力将手柄间的横杠沿斜线拉至锁骨下端的胸骨。双眼注视斜上方(见图3-71)。

图 3-71　坐姿下拉动作

C. 还原动作。手柄间的横杠沿斜线拉至锁骨下端的胸骨,沿下拉路径缓慢有控制地放回至准备动作。

【常见动作问题】

(1) 下拉问题。身体过度后仰,在下拉过程中伴随过度的后仰,而不是适度后仰且保持身体稳定,类似于引体向上中的身体摆动"作弊",通过大幅度的后仰动作将手柄横杠拉到目标点。下拉时,手柄横杠沿远离身体的近似垂直线移动,削弱了背阔肌的力量贡献。在下拉横杠接近胸骨上端时出现拱背现象,这种情况多出现在下拉大重量时,由于力量不足,但又为了完成全幅的动作,借助拱背时脊柱的弯曲将手柄横杠拉到胸骨上端(图3-72)。

(2) 放回速度过快。放回速度过快一方面会对器械带来一定程度的损毁,另一方面使目标肌群失去了再次受到离心负荷刺激的机会。应缓慢有控制地放回手柄。

图 3-72　坐姿下拉常见动作问题

(二) 哑铃推举

哑铃推举类似于杠铃推举。哑铃推举可以选择跪姿、坐姿和站姿。

主要发力肌群：三角肌前束、中束、肱三头肌、斜方肌上束。

【动作要领】

A. 准备动作。站姿哑铃推举，双手正握哑铃，掌心朝前，宽度以哑铃靠近肩膀两侧但不触及为准，腕关节保持正直，肘尖指向地面或稍靠后，双脚与肩同宽，身体重心在足弓正下方，双眼注视前方（见图3-73）。

哑铃推举
（侧面）

哑铃推举
（背面）

图 3-73　哑铃推举准备动作

B. 上推动作。上推动作同站姿杠铃推举。需要强调的是哑铃应在额状面内朝上且靠中间的方向移动，推到最上方时，锁定肘关节且保持哑铃靠近但不互相触碰。眼睛在上推过程中盯着两哑铃连线。哑铃交替推举时，需要推动一侧哑铃，另一侧保持准备动作，待动作还原时再推动另一侧（图3-74）。

C. 下放动作。当哑铃推到最上方且肘关节和肩关节锁定后，沿上推路径还原至准备动作。

【常见动作问题】

（1）肩部和腕部的稳定性不够，在推举　　图 3-74　哑铃推举上推动作
过程中使得哑铃晃动，影响动作效果（见图3-75）。应该努力使肩部和腕部保持稳定，尤其腕部要保持直立而不是后伸。

（2）推举初和下放末，肘关节不能保持在90°左右，表现在肘关节角度过小或过大（见图3-75）。这一过程，应使肘关节保持在90°左右，为推举动作做好准备。

（3）上推时动作轨迹不对，表现在上臂方向朝外（见图3-75）。正确的轨迹方向应是，双臂朝上且稍靠中间。

【保护方法】

同杠铃推举，只是保护者需要轻轻托住练习者的手腕而不是双肘。

（三）哑铃弯举接推举

该动作是弯举和推举的结合动作。由于弯举是一项单关节动作，而单关节动作并非

图 3-75　哑铃推举动作问题

哑铃弯举接推举

图 3-76　哑铃弯举接推举准备动作

理想的力量练习动作,因此有训练专家将单关节的弯举和多关节的推举结合,形成新的多关节动作,对上臂和肩部具有良好的锻炼效果。

主要发力肌群:肱二头肌、肱肌、三角肌前束和中束、肱三头肌、斜方肌上束。

【动作要领】

A. 准备动作。站姿,双脚与肩同宽,双臂自然下垂于身体两侧,双手反握哑铃,掌心向前(见图 3-76)。

B. 弯举接推举动作。肘关节保持固定,由上臂的肱二头肌和肱肌发力,屈曲小臂到最大幅度,当屈小臂到最大幅度时,以肩关节为支点,做肩外旋并上抬大臂,直至上臂抬高至肩部高度且双肩外旋至身体两侧,同时小臂和大臂的角度保持在 90°,形成哑铃推举的准备姿势,之后按哑铃推举动作完成上推(见图 3-77)。

图 3-77　哑铃弯举接推举动作

C.下放动作:哑铃推举的上推结束后,首先返回至哑铃推举的准备动作,然后双肩水平内收至身体前方,这时双手掌心朝向面部,之后固定好肘关节,慢慢下放哑铃至弯举的起始动作。

【常见动作问题】

(1)哑铃弯举时,不能固定肘关节,或出现摆动身体的借力动作。应全程固定肘关节,并稳定身体防止摆动。

(2)弯举接推举时,肘关节角度不能保持在90°左右。

(3)其他问题见哑铃推举。

(四)站姿杠铃划船

主要发力肌群:三角肌前束、中束、斜方肌上束。

【动作要领】

A.准备动作。站姿,双脚与肩同宽,双臂自然下垂于身体前方,双手正握杠铃,握宽在杠铃杆滚轴内,保持收腹挺胸且杠铃杆紧贴身体(见图3-78)。

B.提拉动作。由肩部三角肌发力,沿身体垂直向上提拉杠铃杆使双肘上抬,且保持双手腕稍低于双肘,当双肘达到肩部高度或稍高于肩部高度时提拉动作结束(图3-79)。

站姿杠铃划船

图3-78 站姿杠铃划船准备动作　　图3-79 站姿杠铃划船拉杠动作

C.下放动作。沿提拉动作轨迹原路返回,且保持杠铃杆紧贴身体。

【常见动作问题】

(1)提拉时手腕高于肘关节,使得小臂发力过多。

(2)出现摆动身体或蹬腿的借力动作。全程应保持身体稳定不动,由肩部发力。

(3)整个过程杠铃杆离身体较远,增加了下背部的力矩(见图3-80)。提拉和下放都应该是杠铃杆紧贴身体。

(五)坐姿肩推举

对于肩部力量稍差、肩部不稳定的练习者,除了在站姿推举中使用较小的重量外,使用组合器械——肩推器也是不错的选择。由于是组合的固定器械,动作轨迹已经设定,练习者只需要以正确动作将重量推起即可。

主要发力肌群:三角肌前束、中束、斜方肌上束。

图3-80 站姿杠铃划船时错误动作:杠铃远离身体

【动作要领】

A. 准备动作。调整好肩推器座椅高度,坐在座椅上且保持收腹挺胸,背部紧靠座椅倚靠,双脚与肩同宽,双手正握肩推器扶手。通常肩推器有窄式扶手和宽式扶手,前者会使三角肌前束发力更多,后者会使三角肌中束发力更多(见图3-81)。

B. 上推动作。由肩部三角肌发力,沿既定轨迹上推,直至双臂完全伸直(见图3-82)。

坐姿肩推举

图3-81 坐姿肩推举准备动作　　　图3-82 坐姿肩推举上推动作

C. 下放动作。当双臂完全伸直且肘关节和肩关节锁定后,按上推动作路径还原至起始姿态。

【常见动作问题】

(1) 在推举过程中不能保持后背紧贴座椅倚靠,使得上推时身体前倾,借助身体前倾力量上推。

(2) 下放时完全将重量放回,使得下次推举时肘关节角度过小,影响动作连贯性。

(六) 前臂训练

在龙舟的划船过程中前臂肌群基本上以等长收缩为主,前臂肌群的力量水平对稳定腕关节以及拉桨过程中的撑桨较重要。一些龙舟运动员的腕部的损伤,一方面跟其撑桨时的腕关节过伸动作有关,另一方面和其前臂力量不足密不可分。由于腕关节本身比较灵活,能够完成屈伸、旋内和旋外、内收和外展,以及环绕动作,所以针对腕部的力量训练主要对上述动作施加阻力来练习前臂肌群的力量。

1. 腕部屈伸

主要发力肌群:尺侧屈腕肌、桡侧屈腕肌、掌长肌、尺侧伸腕肌、桡侧伸腕肌等。

【动作要领】

A. 准备动作。屈腕需要正握哑铃或杠铃,伸腕动作需要反握哑铃或杠铃(杠铃需要双手握)。坐姿,手握哑铃或杠铃,将小臂放在大腿,并露出手腕(见图3-83)。

B. 屈伸动作。由前臂肌群发力,做屈或伸动作至最大幅度(见图3-84)。

图 3-83　腕部屈伸准备动作　　　　　图 3-84　腕部屈伸动作

C. 下放动作。有控制地慢速放回。

2. 前臂旋内和旋外

前臂旋内和旋外的练习需要制作简单的器材,用一根棍子或铁管,一头装上重量即可。

主要发力肌群:旋前圆肌、旋前方肌和旋后肌。

【动作要领】

A. 准备动作。坐姿,手握棍子一端,将小臂放在大腿,并露出手腕,拳心朝上将另一端重量竖起(见图 3-85)。

B. 旋内和旋外动作。由前臂肌群发力,向内侧旋转小臂练习内旋,向外侧旋转练习外旋,每个动作都做到最大幅度(图 3-86)。

C. 下放动作。有控制地慢速放回。

3. 前臂外展和内收

主要发力肌群:桡侧屈腕肌、桡侧伸腕肌、尺侧伸腕肌、尺侧屈腕肌。

图 3-85　前臂旋内和旋外准备动作　　　图 3-86　前臂旋内和旋外动作

【动作要领】

A. 准备动作。站姿,手握棍子一端,直臂放在身体一侧,拳眼朝前将另一端重量朝前(做外展),拳眼朝后将另一端重量朝后(做内收)(见图 3-87)。

B. 外展和内收动作。保持手臂贴住身体,由前臂肌群发力做外展或内收动作,每个动作都做到最大幅度(图 3-88)。

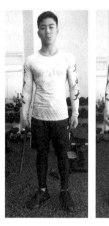

图 3-87　前臂外展和内收准备动作　　　图 3-88　前臂外展和内收动作

前臂外展

前臂内收

C. 下放动作。有控制地慢速放回。

第二节　下身力量训练方法

龙舟划船并非单纯依靠上肢发力,其发力模式是建立在动力链之上的以上肢推拉、旋转为主的发力。因此,作为动力链的起点,腿部的蹬地力量是运动员协调发力的源泉。所以下肢力量练习也是龙舟运动员力量训练的内容之一。由于龙舟运动员在划船时采用外侧单腿向前支撑,内侧腿屈曲支撑的坐姿,根据专项需要将龙舟运动员的下肢力量练习分为双侧力量和单侧力量,这两种练习又可以选择站姿和坐姿。虽然坐姿的下肢力量练习从形式上更加符合龙舟的专项需求,但是站姿的下肢力量练习对身体核心力量及稳定性带来的刺激是坐姿练习难以企及的,所以龙舟运动员的下肢力量练习以站姿练习为主、以坐姿练习为辅,并结合专项的单腿力量练习。

一、双侧力量

龙舟力量训练常见的双侧力量训练方法主要有杠铃深蹲、哑铃前蹲、坐姿蹬腿、杠铃轮胎蹬、硬拉、臀推、壶铃甩摆等练习,这些动作的目标肌群包括臀部肌群、大腿前侧肌群及后侧肌群和身体核心区肌群等。

（一）杠铃深蹲

深蹲是多数体育项目发展下肢力量的主要练习方法,这种全幅的动作并不仅仅是发展身体前链肌群,更是构建身体整体力量、爆发力和肌肉维度的最具价值的训练方法之一。因此,这种方法也是龙舟运动下肢力量训练的常见练习。

主要发力肌群:股四头肌、臀大肌、腘绳肌、躯干核心肌群。

【动作要领】

A. 徒手动作。双脚跟与肩同宽,脚尖外旋约 30°,双脚全掌撑地,身体重心落在足弓正下方,保持收腹挺胸,双手置于身体两侧。屈膝屈髋下蹲直至大腿上部和地面平行,同时双肘向外顶住双膝内侧,体会双膝在下蹲过程中和脚尖方向保持一致。在下蹲到目标幅度时,保持膝盖在脚尖正上方或微微超过脚尖,上身前倾角度在 45°左右。收紧下颌,双眼注视身体前方 30～40 厘米处的地上。到达目标幅度后,驱动臀部直线上升(想象有钩子钩着自己的臀部并直线往上拉的感觉,而不是想着双脚蹬地和双腿发力),在臀部向上移动的时候双脚全掌支撑身体,保持重心停留在脚掌中间而不是向前移至脚尖(见图 3-89)。按照上述方法体会髋部的发力。

图 3-89　徒手深蹲

B. 负重动作。

起杠和准备:将杠铃杆放在与胸骨中点平齐的深蹲架上,面对杠铃杆,双手握在杠铃上方(五指握在杠铃的同侧),腕关节保持正直,保证杠铃的重量全部施加在身体上而不是一部分压在手腕上。由于练习者的肩部宽度和柔韧性不同,双手间距因人而异,通常双手都会握在杠铃杆的手指标记之间。随后钻到杠铃杆正下方,将杠铃杆放在肩胛骨上面的冈上肌和斜方肌中上束的位置,同时微微抬高双肘,将杠铃杆顶在肩胛骨上面。双脚放在杠铃的垂直面内且双脚的正中点和杠铃杆的垂直线重合,双脚与肩同宽,臀部后坐,双腿微屈。保持收腹挺胸,伸膝伸髋站直身体,将杠铃背离深蹲架。之后双脚后退离开深蹲架但站在离深蹲架较近的位置(两三步即可)。此时,按照徒手深蹲的方式站立(见图 3-90)。

杠铃深蹲
(侧面)

杠铃深蹲
(背面)

图 3-90　杠铃深蹲的起杠和准备动作

下蹲:保持收腹挺胸,双眼注视前方(1~1.5米)地上位置,屏住呼吸,按照徒手深蹲的方式有控制地下蹲到目标幅度。要注意的是,在此过程中,膝盖始终打开且保持和脚尖的方向一致,身体重心始终在杠铃的垂直投影点上,在动作的最低点时,身体并非正直而是稍前倾,膝盖在脚尖正上方或稍微靠前的位置。在此过程中双眼应始终盯着地上的目标位置(见图3-91)。

图3-91 杠铃深蹲的下蹲

蹬伸:当达到动作目标幅度,不要停顿,马上起身,保持收腹挺胸,绷紧身体,从动作最低点驱动臀部向上移动直至膝关节和髋关节完全伸直回到准备动作,临近返回准备动作时向外呼气(见图3-92)。

收杠:双眼平视前方,保持收腹挺胸,绷紧身体,向深蹲架方向迈步,直至杠铃杆碰到深蹲架,双脚还原到起杠铃的位置,然后屈膝浅蹲,直至杠铃能够同时放在挂钩上。

【保护方法】

单人保护。在练习者负重不大的情况下使用。保护者在练习者开始准备动作时应就位,站在练习者的身后较近的位置,双臂穿过并向上顶住练习者的腋下。在练习者深蹲过程中,保护者应在不影响练习者深蹲及发力的情况下同时跟随练习者移动(见图3-93)。

图3-92 杠铃深蹲的蹬伸　　　　图3-93 杠铃深蹲单人保护

双人保护。在练习者负重较大或最大力量测试时使用。两名保护者在练习者开始准备动作时应就位且面对面站在杠铃两端，在练习者动作过程中出现动作失败时，保护者需要同时用双手和靠近杠铃杆一侧弯曲的手肘接住杠铃杆两端。因此，需要两名保护者保持默契，两名保护者的保护时机和用力程度要一致、平衡，以免导致杠铃失衡而使练习者受伤。

【常见动作问题】

（1）准备动作问题。背对深蹲架（见图3-94）。虽然背对深蹲架并不影响深蹲动作，但是在收杠的时候会遇到较大问题，由于双眼不能看到深蹲架的位置，导致后退时不能将杠铃安全地放在深蹲架上。

双手握在杠铃杆下方（见图3-95）。这种握法在放下杠铃时，为了使杠铃不滑落下来，双手的抬高加剧了腕关节的后伸程度，使得腕关节承受了更大的压力。

图3-94　杠铃深蹲时错误动作：
背对深蹲架

图3-95　杠铃深蹲时错误动作：
腕关节处于杠铃下方

站姿问题。常见的有双脚间距过宽或过窄、脚尖外展角度不够或过度外展或内扣、不能保持收腹挺胸、双眼向前看等，这些站姿问题会影响下蹲和站起时的发力。

（2）下蹲问题。不能保持脊柱的自然生理弯曲而出现驼背、拱下背或骨盆过度前倾。下蹲时上体过度前倾或过于保持正直而影响身体重心在杠铃垂直投影点的正确对位。下蹲时重心前移导致胫骨过于前倾以至于过多地超过脚尖，使膝关节处于较大的压力下（见图3-96）。下蹲幅度不够或过度，常见1/2蹲和1/4蹲。

（3）蹬伸问题。在蹲起过程中不能收紧下颌而向上抬头。杠铃在上升过程中是伸膝和伸髋的同步过程，过早地完成伸膝导致髋关节不能同时打开而造成抬臀现象，使得身体重心相对杠铃后移，将压力施加在下背部。膝关节不能和脚尖保持在同一方向，常见双膝内扣。双腿在蹬伸时发力不均而使臀部出现左右晃动现象，使腰骶椎不能保持正常的解剖学位置（见图3-97）。

（4）收杠问题。先放一端杠铃，再放另一端杠铃；双脚远离深蹲架时通过身体前倾放杠铃。这些问题都会影响脊柱的自然生理弯曲，给其带来不必要的压力，增加受伤风险。

图 3-96 常见下蹲问题

图 3-97 常见蹬伸问题

（二）哑铃前蹲

哑铃前蹲相较于杠铃前蹲，在动作上更为简单易学，也不会由于身体柔软性的问题给腕关节带来较多的不适感，但前者的负重较后者更轻。因此，哑铃前蹲是龙舟力量训练中针对下肢力量耐力训练的主要练习动作之一。

主要发力肌群：股四头肌、臀大肌、腘绳肌、躯干核心肌群。

【动作要领】

A. 准备动作。双手掌心向上，双肘垂直朝下，由掌根位置托住哑铃一端，同时将哑铃贴于胸骨位置，站姿同杠铃深蹲（见图 3-98）。

B. 下蹲动作。类似杠铃深蹲，最大的区别在于哑铃前蹲要求上身在此过程中前倾角度较小，身体重心几乎在脚后跟的位置（见图 3-99）。

C. 蹬伸动作。同杠铃深蹲（图 3-100）。

【常见动作问题】

常见的问题是哑铃和身体不能保持紧贴，加上哑铃过多地放在手掌中心，使得双手腕关节完全承受哑铃的重量，造成手腕不适或受伤（图 3-101）。其他问题类似于杠铃深蹲。

哑铃前蹲
（侧面）

哑铃前蹲
（正面）

图 3-98　哑铃前蹲准备动作　　　　图 3-99　哑铃前蹲下蹲动作

图 3-100　哑铃前蹲蹬伸动作　　　　图 3-101　杠铃前蹲时错误动作：
　　　　　　　　　　　　　　　　　　　　　　哑铃远离身体

（三）坐姿蹬腿

坐姿蹬腿属于闭合式的练习动作，由于使用组合器械，上身没有直接承重，身体所承受的压力和下背部的受伤风险要远远小于杠铃深蹲，臀部肌肉所受到的刺激也远不及杠铃深蹲，但是该动作能够很好地锻炼大腿前侧和内侧肌群。坐姿蹬腿较为简单易学，同时也符合龙舟运动员发力的动作要求，因此，在龙舟运动的下肢力量训练中是较为常见的动作。

主要发力肌群：股四头肌、臀大肌、腘绳肌、躯干核心力量。

【动作要领】

A. 准备动作。调整好靠背角度后坐在器械凳子上，手背紧靠靠背，保持收腹挺胸，脊柱自然生理弯曲。将双脚放在蹬腿平台上，双脚脚跟与肩同宽，脚尖外旋 30°，膝盖和脚尖方向保持一致，双手搭在器械把手上。之后双手按照器械要求打开把手，解锁蹬腿平台，此时应保持双膝微屈，而不是过度后伸（见图 3-102）。

坐姿蹬腿

图 3-102 坐姿蹬腿准备动作

B. 屈腿动作。上身稳定,双膝弯曲直至膝关节屈曲到 90°的位置,此时膝盖在双脚尖的正上方或稍靠前的位置,且保持与脚尖方向一致(见图 3-103)。

C. 蹬腿动作。当达到动作目标幅度时,不要停顿,立刻用力蹬起蹬腿平台,直到双腿回到准备动作的稍屈曲状态,而不是膝关节锁死。全程保持膝盖与脚尖方向一致(见图 3-104)。

图 3-103 坐姿蹬腿屈腿动作

图 3-104 坐姿蹬腿蹬腿动作

D. 锁定蹬腿平台。动作完成后,双脚仍踩在蹬腿平台上,通过把手锁定蹬腿平台后再撤出双腿。

【常见动作问题】

(1) 准备动作时,双脚宽度过宽或过窄,双脚位置过于靠上或靠下。这些问题将影响蹬腿发力和踝关节在蹬伸过程中的自然解剖学角度。

(2) 在动作过程中不能保持膝盖和脚尖的方向一致。

(3) 在屈膝的时候,膝盖屈曲角度过大,以至于膝盖过多地超过脚尖,致使其承受更大的压力。

(四)杠铃轮胎蹲

杠铃轮胎蹲是依据真实的轮胎蹲演变的杠铃蹲动作。类似于轮胎蹲的动作模式,杠铃轮胎蹲将轮胎换成杠铃来完成同样的下肢蹲起动作。根据髋关节的起始位置不同,杠铃轮胎蹲所刺激的部位也略有不同。当躯干保持正直位,膝关节角度在 90°左右时,以膝关节屈伸为主导，练习目标为大腿前侧肌群和臀肌；当躯干略微前倾，膝关节角度大于90°时，以髋关节屈伸为主导，练习目标为大腿后侧肌群和臀肌。不论髋关节位置如何，该动作都会对躯干核心肌群有较好的刺激。

主要发力肌群：股四头肌、臀大肌、腘绳肌、躯干核心肌群。

【动作要领】

A. 准备动作。双手十指交叉，托在杠铃一端下方，双臂伸直且垂直于地面，基本上位于胸大肌垂直投影处。双脚站宽以肩宽为准，脚尖外展 15～30°，躯干保持正直，大腿保持与地面平行，重心保持在脚掌中心，膝关节保持在脚尖上方且指向脚尖，同时绷紧臀肌，收紧下颌，双眼目视前方 2 米处的地上，保持收腹挺胸（见图 3-105）。

杠铃轮胎蹲

图 3-105　杠铃轮胎蹲准备动作

B. 蹬伸动作。保持收腹挺胸，由大腿前侧肌群和臀肌发力将杠铃一端抬起，直至整个膝关节和髋关节打开，完成站直（见图 3-106）。

图 3-106　杠铃轮胎蹲蹬伸动作

C. 下放动作。沿蹬伸轨迹下放杠铃，保持上身正直，屈膝下放直至杠铃放在地上（见图 3-107）。

另外，以髋关节的蹲起动作，在动作准备时，略微向前屈髋，膝关节角度更大，约 120

图 3-107　杠铃轮胎蹲下放动作

度或稍大。蹬伸时,以髋关节为主导,大腿后侧肌群和臀肌发力,伸髋、伸膝,直至整个膝关节和髋关节打开,完成站直动作。

图 3-108　杠铃轮胎蹲错误动作:驼背弓腰

【常见动作问题】

（1）准备动作时,双脚宽度过宽或过窄,双脚放在过于靠上或靠下的位置。

（2）在动作过程中不能保持膝盖和脚尖的方向一致。

（3）在动作过程中,驼背、弓腰（见图3-108）。不论以髋关节还是膝关节为主导,都应保持收腹挺胸姿势,使脊柱处于正常生理弯曲状态。

（五）硬拉和罗马硬拉

1. 硬拉

硬拉是锻炼身体后链肌群的主要动作,主要发展身体伸髋肌群如腘绳肌、臀肌和下背部肌群的肌肉力量。在龙舟的拉桨过程中,下手同侧腿的屈曲角度近似于硬拉时的屈膝角度,而且在拉桨过程中,上身相对于髋关节快速向后伸且伴有小幅度的旋转,这需要强大的腰背部力量的支持。因此,硬拉是龙舟运动下肢力量训练中常见的具有较高专项性的动作之一。

主要发力肌群:腘绳肌、臀大肌、斜方肌上束、躯干核心肌群。

【动作要领】

A. 准备动作。

第一步,将杠铃放在地上且保持稳定,双脚足弓中点(身体重心)置于杠铃杆正下方,两脚跟间距约30~40厘米,脚尖外旋30°,小腿离杠铃杆的距离约3厘米(见图3-109)。

硬拉（侧面）

硬拉（正面）

图 3-109　硬拉动作第一步

第二步，保持腿部微屈，弯腰低头，双手正握杠铃且距两小腿 3～4 厘米（图 3-110）。

第三步，小腿主动贴住杠铃杆且不能推动杠铃杆（见图 3-111）。

图 3-110　硬拉动作第二步　　　　　图 3-111　硬拉动作第三步

第四步，保持双腿微屈，此时努力收腹挺胸，收紧后背，拉紧双臂，保持下背部塌腰，臀部微微后沉，整体上使脊柱保持自然生理弯曲。双眼盯住前方 3～4 米的地面位置，收紧下颌，最终使两肩胛骨的垂直投影点和杠铃以及足弓中点在一条直线上（见图 3-112）。

图 3-112　硬拉动作第四步

B.上拉动作（第五步）。绷紧全身，屏住呼吸，用力蹬腿伸髋，垂直向上将杠铃沿着小腿—膝盖—大腿拉起，同时打开膝关节和髋关节，直至完全站立，呼气（见图 3-113）。

C.下放动作（第六步）。当站立完成后，以上拉动作的反方向下放杠铃。绷紧全身，屏住呼吸，保持微屈膝，向前屈髋，垂直向下将杠铃沿着大腿—膝盖—小腿，直至杠铃碰到地面（见图 3-114）。

图 3-113　硬拉动作第五步

图 3-114　硬拉动作第六步

【常见动作问题】

（1）准备动作问题。双脚跟间距过宽，不利于蹬地发力。足弓正中点没有在杠铃杆的正下方，多以杠铃杆靠近前掌和足尖位置，使得在之后的上拉过程中重心容易前移。拉杠之前，肩胛骨、杠铃杆和足弓中心没有在一条垂直线上，常见肩胛骨向前超过杠铃杆，为了保持身体重心在脚的中间，势必过度抬高臀部，使得后背与地面接近平行，最终在上拉过程中，下背部成为主要发力肌群，容易造成腰部损伤。而肩胛骨过度地向杠铃杆后侧移动，使身体重心偏向足跟，臀部下沉过多，进而使屈膝幅度增加而屈髋幅度减小，削弱了大腿后链肌群的发力，大腿前侧肌群发力过多（见图 3-115）。

（2）上拉动作问题。仰头问题，类似杠铃深蹲。过早地抬臀，上拉是膝关节和髋关节伸展的过程，虽然膝关节在拉起之前屈曲的角度不大，但是膝关节的伸展和髋关节的伸展依然近似于同步进行，如果膝关节过早地完全打开，臀部势必提前打开，造成上身后背平行于地面，给下背部带来更多压力。因此，在上拉过程中，膝关节和髋关节应近乎同时打开，确保大腿后侧主导发力。上拉过程中不能保持脊柱的自然生理弯曲，常见的是下腰拱起，这一动作使腰椎的生理弯曲发生改变，使其在不正确的屈曲角度下承受压力，而处于高受伤风险中（见图 3-116）。因此，不论上拉还是下放，都应该保持脊柱的自然生理弯曲，尤其是腰椎。

图 3-115　准备动作问题

图 3-116　上拉动作问题

（3）下放动作问题。没有屈髋动作，直接将杠铃扔到地上。硬拉的下放动作是该动作必须完成的环节，因为在此过程中，身体要承受离心负荷的刺激。屈髋幅度不够，屈膝角度过大，使得杠铃碰到膝盖（见图 3-117），下放动作是上拉动作的相反过程，要在微微屈膝下，屈髋下放，过度屈膝势必会阻碍杠铃下放。下放时杠铃杆远离身体，杠铃杆也应该沿着身体表面下放，远离身体则会使身体重心前移，腰部承受的力矩增加。

2. 罗马硬拉

罗马硬拉是硬拉动作的变式。硬拉从地面开始，要求每次拉杠铃后都将杠铃放回地面，罗马硬拉则是从直立开始，每次下放动作时杠铃不碰地面或轻轻触及地面没有停顿，然后将杠铃拉回起始位置。通常罗马硬拉会

图 3-117　下放动作问题

从硬拉开始，首先通过硬拉将杠铃拉离地面，然后进入罗马硬拉的站姿准备，也有将杠铃直接放在较低的架子上，然后直接站立将杠铃拉起，进入罗马硬拉准备动作。

【动作要领】

站姿同硬拉，双手以硬拉的方式握杠铃，保持直臂和收腹挺胸，杠铃紧贴身体（见图 3-118）。然后做和硬拉相同的下放动作，直至上身与地面接近平行或杠铃达到接近地面的位置，之后以和硬拉相同的发力方式将杠铃拉起（见图 3-119）。

罗马硬拉

图 3-118　罗马硬拉准备动作

图 3-119　罗马硬拉下放动作

【常见动作问题】

常见动作问题见硬拉。

(六) 臀推

臀推是发展伸髋肌群,是臀大肌力量和下背部肌群力量的重要练习方法之一。在龙舟划船技术中,需要上体做相对于下体的大量的后伸动作,实际上就是后背相对于髋部的后伸。所以,背部肌群和臀部肌群在拉桨时后背的后伸中起支撑和提供后伸力量的作用。另外,臀大肌在正常的解剖学资料中是髋关节的主要伸肌,当固定髋关节时(龙舟划船采用坐姿)则下背部肌群为上体后伸的主要肌群。在其后伸的过程中,看似臀部肌肉被固定在船舱的座位上,但实际上,臀部肌肉在划船蹬腿拉桨的过程中起着重要的力量支撑和传递作用。因此,臀大肌的薄弱将会阻碍力量在上述动作中的传递和对下背部的支持,使下背部独立地完成上体后伸,易造成下背部损伤。而薄弱的下背部也势必会造成力量向上肢传递和后背后伸动作的不充分。可见臀部肌群和下背部力量对龙舟运动员的重要性。

主要发力肌群:臀大肌、腘绳肌、躯干核心肌群。

【动作要领】

A. 准备动作。坐姿,肩胛骨以上部位靠在与小腿高度相近的平凳边缘,将杠铃杆均匀地置于髂前上棘和耻骨中间的小腹上,双臂伸直,双手前推杠铃。双腿弯曲成90°,两脚跟间距稍宽于髋,脚尖外旋30°。为了更好地足跟蹬地,双脚尖可向上勾起。上身保持收腹挺胸,头部保持正直(见图3-120)。

图 3-120 臀推准备动作

B. 伸髋动作。屏住呼吸,由足跟蹬地,臀肌发力同时向上伸髋直至膝、髋在一条直线上,保留1～2秒。此过程要保持双膝和脚尖始终在同一方向(见图3-121)。

图 3-121 臀推伸髋动作

C. 下放动作。当髋关节推至最大幅度后,绷紧臀部,有控制地将髋下放,直至杠铃全放在地上。

【常见动作问题】

(1) 准备动作问题。杠铃杆放置不均匀导致在伸髋动作中身体失衡。杠铃杆摆放位置不正确造成在动作过程中腹部的不适。双脚宽度和脚尖外斜角度不够,使臀大肌无法完全募集。

(2) 伸髋动作问题。最常见的就是伸髋不充分,没能将髋送到与膝关节、肩胛骨的连线上。此外,伸髋时大腿后侧肌群发力过多,甚至出现大腿后侧痉挛现象。这主要是由于大腿后侧肌群缺乏柔韧性以及在伸髋过程中不会主动唤醒和利用臀大肌。此时应提前对腘绳肌进行拉伸,然后在伸髋时将注意力放在臀肌上。

(3) 下放动作。下放过快,通常会在杠铃刚刚达到目标幅度就开始下放髋关节,以至于使臀肌和下背部肌群在动作顶峰时收缩时间过短。应在动作最大幅度时保持继续伸髋1~2秒,然后有控制地缓慢下放。

(七)壶铃甩摆

壶铃甩摆是锻炼伸髋肌群和下背部肌群爆发力和肌肉耐力的动作之一。因此,该动作是龙舟力量训练的动作之一。

主要发力肌群:腘绳肌、臀大肌、斜方肌上束。

【动作要领】

A. 准备动作。双手正握壶铃,双臂伸直贴于身体前侧。双腿跨开,双脚脚尖外斜30°~45°且脚跟间距与肩同宽。身体重心在双腿正中且前后重心在双腿正中间。保持收腹挺胸,双眼平视前方(见图3-122)。

壶铃甩摆

图 3-122 壶铃甩摆准备动作

B. 屈髋动作。保持双臂向下垂直,双膝弯曲约150°~160°,同时向前屈髋直至双臂能紧贴大腿两侧,此时上身几乎平行于地面。在向前屈髋时要始终保持脊柱的自然生理弯曲,尤其是下背部(见图3-123)。

图 3-123 壶铃甩摆屈髋动作

C. 伸髋动作。当双臂能够贴到大腿内侧时迅速蹬地,通过伸髋肌群发力将壶铃甩出,在髋关节完全打开时,壶铃应该甩至与眼睛平齐的高度,此后按上述过程重复进行(见图 3-124)。

图 3-124　壶铃甩摆伸髋动作

【常见动作问题】

(1) 不能保持身体脊柱的自然生理弯曲。不论是屈髋还是伸髋都应保持脊柱的自然生理弯曲,尤其是下背部。最常见的问题就是下背拱起尤其是在伸髋时(见图 3-125),这既使下背部处于巨大的压力下,又阻碍了屈、伸髋过程中的力量向手臂上传递。

(2) 屈髋幅度较小(见图 3-126),屈膝幅度过大。壶铃甩摆伸髋是以髋关节屈伸为主的动作,因此髋伸肌应是该动作的主动肌。如果屈膝幅度过大,则大腿前侧肌肉群发力过多,势必削弱伸髋肌的发力,因此应该在保持屈膝幅度的前提下,进行髋关节的屈伸。

(3) 在伸髋动作结束时,髋关节过度前伸。过度地向前伸髋会给腰椎带来挤压而处于高受伤风险中。

图 3-125　壶铃甩摆错误动作:拱背　　　　图 3-126　壶铃甩摆错误动作:屈髋幅度较小

二、单侧力量

龙舟划船技术是单侧肢体为主的动力链发力动作,因此单侧的下肢力量训练在动作形式上更加接近专项需求。在龙舟运动力量训练中,通常在训练的中后期采用单侧力量训练,包括单侧下肢力量训练。单侧力量训练在重量上不及双侧力量训练,但在发展单腿力量及做功上,单侧力量训练则更加直接,双侧力量训练和单侧力量训练互为补充。双侧力量训练是基础;单侧力量训练更专项,也可以作为双侧力量的辅助方法。除个别单侧下肢力量训练外,多数单侧力量训练动作在双侧力量训练的基础上发展而来。

(一)后腿分腿抬高蹲

简称分腿蹲,也称保加利亚蹲,是发展单腿力量常用一种练习。该动作在原地分腿蹲和弓步蹲的基础上演变而来,对身体平衡能力有较高的要求。因此也是锻炼膝关节和踝关节本体感受能力的有效手段。

主要发力肌群:臀大肌、臀中肌、股四头肌、躯干核心肌群。

【动作要领】

A. 准备动作。双手握哑铃于身体两侧,拳心相对。单腿支撑,脚尖朝前方。膝盖指向脚尖。后腿抬起,将脚尖置于平凳子上稍弯,两腿的宽度满足下蹲后,前腿能够平行于地面且膝盖能够在脚尖正上方。保持收腹挺胸,双眼平视前方,身体重心位于两腿中间靠前的位置,并保持身体平衡(见图 3-127)。

B. 下蹲动作。前腿屈膝垂直下蹲,至大腿平行于地面且膝盖位于脚尖正上或稍超过脚尖。后腿在下蹲的过程中,由脚尖过渡到脚背。身体重心由两腿中间稍为靠近前腿,且身体保持正直(见图 3-128)。

C. 蹬伸动作。当蹬伸动作达到最大幅度时不要停顿,由前腿和臀肌发力站起直至准备动作姿势。

后腿分腿抬高蹲(侧面)

后腿分腿抬高蹲(正面)

图 3-127 后腿分腿抬高蹲准备动作

【常见动作问题】

(1)准备动作问题。常见的有身体不能保持平衡,两腿站距不合适,膝盖和脚尖的方向不一致(多内扣)、身体过于前倾或后仰等。这些问题会影响下蹲过程中的发力和关

图 3-128　后腿分腿抬高蹲下蹲动作

节的正常位置(见图3-129)。

(2)下蹲动作问题。不能保持平衡,膝盖过于超过脚尖,后腿过于伸直等(见图3-130)。应保持身体平衡,在保持膝盖和脚尖方向一致的前提下,膝盖不受过多压力下完成动作。

图 3-129　后腿分腿抬高蹲准备动作问题　　　　图 3-130　后腿分腿抬高蹲下蹲动作问题

(3)蹬伸动作问题。主要为膝内扣问题。这种情况多出现在练习者为了发力蹬腿而采取一种"作弊"方式时——通过膝关节的扭压借力完成动作。

(二)单腿坐姿蹬腿

单腿坐姿蹬腿是双腿坐姿蹬腿的变式,同样是在坐姿蹬腿器上完成动作。

主要发力肌群:臀大肌、臀中肌、股四头肌、髂腰肌。

【动作要领】

A.准备动作:同双腿坐姿蹬腿,只是单腿撑于蹬腿平台,置中间且脚尖朝上,膝盖指向脚尖(见图3-131)。

B.蹬腿动作。由单腿发力将平台蹬出,避免出现膝关节锁死,其他动作同双腿坐姿蹬腿(见图3-132)。

图 3-131　单腿坐姿蹬腿准备动作　　　图 3-132　单腿坐姿蹬腿蹬伸动作

单腿坐姿蹬腿

C. 下放动作。同双腿坐姿蹬腿。

D. 固定蹬腿器。同双腿坐姿蹬腿。

【常见动作问题】

参考双腿坐姿蹬腿。由于是单腿发力,在蹬伸过程中膝内扣是常见的问题。

（三）单腿哑铃罗马硬拉

单腿哑铃罗马硬拉是杠铃硬拉的辅助动作,也是一个独立的训练单侧臀中肌和伸髋肌的动作。

主要发力肌群:腘绳肌、臀大肌、臀中肌、躯干核心肌群。

【动作要领】

A. 准备动作。单手持哑铃,对侧脚站于地面,脚尖朝正前方,膝盖和脚尖保持相同方向,保持收腹挺胸和身体平衡（见图3-133）。

B. 屈髋动作。保持脊柱的自然生理弯曲,支撑腿微弯,通过向前伸髋将哑铃垂直平放于脚尖前方,与此同时以支撑腿的髋关节为支点,上身和后腿为一整体,上身前倾,后腿伸直和抬高,直至上身、后腿与地面平行,同时保持整个骨盆平行于地面（见图3-134）。

图 3-133　单腿哑铃罗马
　　　　　硬拉准备动作　　　图 3-134　单腿哑铃罗马硬拉屈髋动作

单腿哑铃罗马硬拉

C. 伸髋动作。单腿蹬地,伸髋将哑铃抬起至准备动作。

【常见动作问题】

(1) 准备动作问题。不能较好地保持平衡,脚尖没有指向前方而过多地内旋或外旋。

(2) 屈髋问题。类似于双腿硬拉,膝关节屈曲角度过大导致髋关节屈曲角度过小,而不能使身体向前倾。向前屈髋时,不能保持髂前上棘连线平行于地面,使得一侧髂嵴上翻。后腿不能随上身前倾而同步抬高,松弛下落,导致下背部拱起(见图 3-135)。

(3) 伸髋动作问题。发力伸髋时膝内扣、下背用力过多等。

图 3-135　屈髋时错误动作:拱背

(四) 单腿杠铃臀推

单腿杠铃臀推是在双腿杠铃臀推的基础上的单腿动作。同样该动作也可以直接在平地进行,也可以通过加高上体的后靠高度来增加难度。

主要发力肌群:臀大肌、腘绳肌、躯干核心肌群。

【动作要领】

A. 准备动作。躺在垫子或平凳上将杠铃杆平放在髂前上棘和耻骨中间的小腹上,双臂伸直双手前推杠铃,同时单腿撑地并弯曲 90°向上抬起,使脚底始终朝向天花板。保持收腹挺胸,头部贴于垫子上或上体肩胛骨以上部位靠于平凳且脚尖向上勾起,双眼盯着杠铃(见图 3-136)。

B. 臀推动作。屏住呼吸,由单侧足跟蹬地单侧臀肌发力向上伸髋,直至膝、髋、肩在同一直线上,保留 1～2 秒,同样此过程要保持双膝和脚尖始终在同一方向上,且保持前脚掌始终朝向天花板(见图 3-137)。

图 3-136　单腿杠铃臀推准备动作

图 3-137　单腿杠铃臀推伸髋动作

单腿杠铃臀推

C. 下放动作。达到动作顶峰后,绷紧臀部,有控制地将髋平放直至杠铃放在地上。

【常见动作问题】

由于单腿杠铃臀推动作和双腿杠铃臀推相似,单腿杠铃臀推出现的多数动作问题和双腿杠铃臀推类似,可参考上文。除此之外,常见的动作问题:①杠铃杆摆放倾斜。由于是单腿臀推,另一条腿在动作过程中是抬起的,所以中心支点偏向于支撑腿的髂前上棘位置,如果仍然将杠铃杆置于小腹中心,则势必会造成非支撑侧一端偏重而出现杠铃倾斜,进而影响动作完成质量和发力。所以单腿臀推动作中的杠铃杆中心位置应放在支撑腿处髂前上棘与小腹中间的位置。②非支撑腿在臀推过程中由下而上摆动来带动伸髋,所以为了避免"作弊"应保持非支撑腿的稳定。

三、奥林匹克举

在龙舟比赛的启航和加速划船阶段,运动员需要有强大的绝对力量和爆发力以克服龙舟的重力惯性来快速启航和加速。因此,龙舟运动既需要龙舟运动员有强大的绝对力量作支撑,又需要运动员有出众的爆发力。在此过程中,运动员始终需要不同幅度的屈髋—屈膝—蹬腿—伸髋来表现出上述两种力量。奥林匹克举是锻炼全身爆发力的主要动作,也适用于龙舟运动员的力量训练。奥林匹克举包括高翻、抓举、挺举以及其变式动作如高拉、膝部高翻、单臂推举等动作。龙舟项目的爆发力训练可以借用上述动作来训练爆发力。

(一)高翻

【动作要领】

第一步,接杠和下放。安全的接住杠铃是学习高翻的第一步。双手正握杠铃杆,双手间距稍宽于肩,即在翻接杠铃时双手在三角肌外侧的位置,然后用力将杠铃向上翻至三角肌上面。这时通过向上抬起的双肘使杠铃杆正好落在双手手指与三角肌组成的槽上,而不是直接压在手腕上。此时杠铃杆紧贴于上身"三点位置"上,即两侧三角肌和锁骨稍靠上的颈部下端。同时保持收腹挺胸,然后有控制地将杠铃杆沿身体下放(见图3-138)。

高翻接杠和下放(正面)

高翻接杠和下放(侧面)

图3-138 高翻中接杠和下放动作

第二步,上跳。双腿直立,双脚尖外旋30°,双脚跟间距为30~40厘米。双手正握杠铃杆,宽度同上,将杠铃杆置于大腿中部位置,身体重心位于两腿中间。向前稍屈髋和屈膝使杠铃微贴大腿并下滑至中部靠下、膝盖靠上的位置,然后蹬地、伸膝、伸髋,当杠铃向上拉至大腿中部稍靠上的位置时,立刻垂直上跳,同时耸肩。全程动作中,双臂肘关节保持内旋和伸直(见图3-139)。

第三步,翻接。在第二步基础上,当垂直跳起时,快速耸肩向上提杠铃,同时迅速屈膝翻肘接杠铃(重复第一步)。在接住杠铃的同时双脚分开至肩宽,站于地面且及时通过浅蹲(微屈膝、屈髋)进行缓冲。然后稳住身体,将杠铃放回起始位置(见图3-140)。注意,在全过程中要始终保持杠铃紧贴身体且杠铃从下往上接近垂直的移动轨迹。

高翻上跳
（正面）

高翻上跳
（侧面）

图 3-139　高翻中上跳动作

高翻翻接
（侧面）

高翻翻接
（正面）

图 3-140　高翻中翻接动作

第四步，膝上高翻。将准备动作中的杠铃杆置于膝盖靠上的位置，其他动作同上。然后伸髋将杠铃沿大腿向上拉，当杠铃快接近大腿中部靠上位置时加速。当杠铃达到该位置时起跳，之后重复上述各步动作。在此过程中，可以想象大腿中部靠上的位置为"弹射点"，一旦触及"弹射点"就要起跳，翻接杠铃（见图 3-141）。

膝上高翻
（侧面）

膝上高翻
（正面）

图 3-141　膝上高翻（起始位置）

第五步，膝下高翻。将准备动作中的杠铃杆置于膝盖靠下的位置，其他准备动作同上，然后伸膝、伸髋重复上述动作（见图 3-142）。

图 3-142 膝下高翻（起始位置）

第六步，完整高翻。一般来说，完整的高翻动作实际上就是硬拉和膝上高翻的结合，一般会将高翻中的硬拉称为第一次拉，之后的膝上高翻称为第二次拉。通过一定的拉杠节奏完美地将两个动作统为一体。准备动作见之前的硬拉，只是在握距上有所调窄。以最慢的速度将杠铃沿小腿拉离地面，当杠铃绕过膝盖时，第一次拉结束，第二次拉开始。当杠铃绕过膝盖时，伸膝伸髋，速度开始慢慢加快，直到碰到"弹射点"，之后完成上述步骤动作（见图 3-143）。

图 4-143 完整高翻（起始位置）

图 3-144 高翻错误动作：手腕接杠

【常见动作问题】

（1）翻接杠问题。常见的有向前伸肘不充分或不及时，使杠铃落在手腕上。对于此问题首先应拉伸肱三头肌，僵硬的肱三头肌会限制肘关节前伸的幅度（见图 3-144）。然后应主动地及时向前伸肘，伸肘越主动越及时，手腕承受的压力越小。

（2）拉杠时双臂提前弯曲。通常双臂会在杠铃刚过膝关节就出现弯曲。这一动作会造成屈膝—伸膝—伸髋产生的力量无法完全通过身体躯干传递给杠铃，使手臂在杠铃的翻举中占了较大的发力比例，而不是下肢的蹬伸（见图 3-145）。因此从准备动作开始就应保持双肘关节内旋，限制屈臂，直到杠铃到达"弹射点"起跳。

（3）杠铃远离身体。在两次拉的过程中，杠铃应紧贴身体。远离身体的杠铃使杠铃和身体纵轴间的力矩增大,一方面破坏了身体平衡,另一方面使下背部压力增大(图3-146)。

图3-145　高翻错误动作:双臂提前弯曲

图3-146　高翻错误动作:杠铃远离身体

(4) 向后发力起跳。高翻是一个垂直向上的跳跃接杠动作。通过距屈—伸膝—伸髋使力量从地上沿着身体纵轴垂直向上传递至杠铃。有时候当重量较重时,会出现跳跃时通过上体向后倾倒来拉杠和翻接。这使得背部过度后伸产生的力在拉杠铃和翻接中起很大作用,而不是靠纯粹的蹬伸力量。

(5) 动作节奏问题。由于第一次拉是克服杠铃重力惯性的硬拉动作,其目的就是将杠铃拉离地面,以在第二次拉中能够利用杠铃的运动惯性进行加速,提高翻举中的力量。所以在第一次拉中应该是慢速的,而在第二次拉中的速度则是由慢到快。任何在第一次拉中的加速都会影响第二次拉中杠铃的速度节奏。所以在第一次拉中应以最慢的速度将杠铃拉起,尤其在杠铃刚刚离开地面的时候。

(二) 抓举

抓举实际上是高翻的延展,但不翻接杠铃而是继续将加速的杠铃举过头顶并抓举杠铃。由于杠铃在抓举中移动的垂直距离更长而且是过头顶动作,所以相比于高翻的负重要低。该动作需要更高的肩部稳定性,因此龙舟运动中的爆发力训练也会使用这一经典动作。

抓举的教学过程类似于高翻,也是从上到下的教学顺序,步骤可参考高翻,这里只是强调每一步的要点和区别。

【动作要领】

第一步,接杠与放杠。

在此步骤中,抓举的握距要宽于高翻,大致的握距是能够使杠铃在站姿抓握时,杠铃的滚花间正好在耻骨和肚脐的中间。试着将杠铃举过头顶,使双臂在两耳侧或者稍靠后的位置。此时双臂内旋且保持伸直状态,同时锁定肩关节、肘关节和腕关节。此过程中,杠铃的投影点应和双脚中心连线在一个平面内,之后依次解锁肘关节、肩关节,将杠铃垂直下放,颈部后伸使杠铃能够通过面部沿身体放回至准备动作,最后再放到地面(见图3-147)。

抓举接杠和
放杠(正面)

抓举接杠和
放杠(侧面)

图 3-147　抓举中接杠与放杠动作

第二步,上跳。同高翻,不同的是抓举跳跃的"弹射点"位于耻骨和肚脐中间的区域。同高翻一样,在杠铃移至"弹射点"时,蹬地伸髋起跳,同时保持双臂伸直,杠铃紧贴身体(图 3-148)。

抓举上跳
(侧面)

抓举上跳
(正面)

图 3-148　抓举中上跳动作

第三步,膝上抓举。准备动作中,通过屈髋、屈膝将杠铃下放至膝盖上方,之后蹬地伸膝、伸髋使杠铃由慢到快,当杠铃触及"弹射点"时,立即起跳,同时耸肩提拉杠铃,使杠铃加速往上直到双臂伸直,肩部锁定。在向上抓举时,要想象着将杠铃扔向天花板。在上肢锁定的同时,双腿跨开,双脚蹬地,做屈膝、屈髋下蹲缓冲,之后站起,保持动作稳定后放回杠铃(见图 3-149)。

膝上抓举
(侧面)

膝上抓举
(正面)

图 3-149　膝上抓举(起始位置)

第四步,膝下抓举。将杠铃放至膝盖以下,之后动作同上(见图 3-150)。

膝下抓举
(侧面)

膝下抓举
(正面)

图 3-150　膝下抓举(起始位置)

第五步,抓举完整动作。同高翻,抓举实际上是由硬拉和膝上抓举组成的,分为第一次拉和第二次拉。两次拉杠同高翻,只不过跳跃的"弹射点"和之后的接杠动作不同(见图 3-151)。

抓举完整
动作(正面)

抓举完整
动作(侧面)

图 3-151　完整抓举(起始位置)

【常见动作问题】

抓举中的多数问题类似于高翻,这里只提及抓举中常见问题。

(1)双手握距过宽或过窄。虽然较宽握距能使杠铃的移动距离缩短,但是在杠铃举过头顶后,双臂会过多地内旋,这对肩部不稳定的练习者来说是危险的。过窄的握距则使杠铃的移动距离过长而增加了抓举的难度。

(2)同高翻,抓举需要快速地蹬地伸膝、伸髋将杠铃抓举至头顶。慢速的蹬伸则不能有效地加速杠铃移动,而无法使动作有效完成。

(三)奥林匹克举变式

1. 膝上高拉

膝上高拉是高翻第二次拉到翻的过渡动作,是学习高翻动作的第二步动作。

双腿挺立,双脚尖外斜 30°,双脚跟间距 30～40 厘米。双手正握杠铃杆,宽度同上,将杠铃杆置于大腿中部位置,身体重心位于两腿中间。向上稍屈髋和屈膝使杠铃微贴大腿并下滑至中部靠下、膝盖靠上的位置,然后蹬地距屈伸膝、伸髋,当杠铃向上举至大腿中部稍靠上的位置时,立刻垂直上跳,同时耸肩提拉杠铃,直至双肘屈至 90°左右。之后沿相同路径将杠铃放回至大腿中部(见图 3-152)。

膝上高拉
（侧面）

膝上高拉
（正面）

图 3-152　膝上高拉

2. 膝上高翻和膝上抓举

膝上高翻和膝上抓举是高翻和抓举的简化动作，这两种动作将高翻和抓举中的硬拉部分（第一次拉）省去，只保留第二次拉以及之后的动作。由于杠铃丧失了第一次拉所获得的初速度，所以膝上的高翻和抓举相对完整动作所举起的重量可能会降低，但还是锻炼身体爆发力的有效方法。一般而言，膝上高翻和抓举通常用于身高较高、下肢过长的练习者，另外下背部不适者也会采用这两种方法来减少在第一次拉中下背部所承受的压力，还有的是由于对整体的动作把握不好，而直接选择了简化动作。

膝上高翻和抓举的准备动作是在相应动作的握距要求下的站立式准备。保持杠铃贴于身体，收腹挺胸，身体重心位于两脚中心。在动作开始时，首先通过屈膝、屈髋将杠铃沿大腿缓慢下放至膝盖的上方。之后的动作同完整动作中的高翻和抓举。

3. 单臂抓举

单臂抓举是抓举的变式，可以使用杠铃、哑铃和壶铃作为负重，也是锻炼身体爆发力的有效方式。但是由于是单臂将负重举起，因此该动作的负重更低。

【动作要领】

以哑铃单臂抓举为例。

A. 准备动作。双脚站于地面与肩同宽，单手握哑铃。直臂将哑铃置于身体前侧的中间位置，另一手掐腰，身体重心位于两腿中间，双眼平视前方，保持收腹挺胸（见图 3-153）。

单臂哑铃
抓举（侧面）

单臂哑铃
抓举（正面）

图 3-153　单臂抓举准备动作

B.下放动作。握住哑铃,同时屈膝、屈髋,直臂使哑铃垂直下放,直至哑铃接近小腿中间时,下放动作结束。整个下放动作保持收腹挺胸,重心在两脚中间(图 3-154)。

图 3-154　单臂抓举下放动作

C.跳跃抓举动作。一旦下放动作结束,就用最快的速度蹬伸,上拉哑铃,当哑铃接近小腹时,以最快的速度上跳,同时耸肩屈臂使哑铃沿着身体垂直向天花板的方向移动。当手臂完全伸直,膝关节和髋关节完全打开时,立即锁定肩部和肘关节,停止并固定哑铃,使手臂位于同侧耳部旁侧。在动作结束同时,屈膝屈髋缓冲。当动作稳定后站起,并将哑铃沿身体有控制地下放至准备动作(见图 3-155)。

图 3-155　跳跃抓举

【常见动作问题】

(1)蹬伸过程中哑铃远离身体,类似于高翻和抓举中的杠铃远离身体。哑铃远离身体,使蹬伸过程中哑铃不能沿身体上拉而延长了哑铃的移动距离,也增加了上身的力矩;另外易使身体重心前移,导致动作结束时身体前倾而不能平稳地接住杠铃。

(2)蹬伸过程中手臂提前弯曲。在膝和髋没有完成伸直(跳跃之前)就开始屈肘,而使手臂在此过程中发力过多,影响了力量在动量矩中的传递(见图 3-156)。

(3)不能及时停止哑铃移动。由于肩部力量不足、不稳定或哑铃的移动轨迹在上升

图 3-156　单臂抓举时错误动作：手臂弯曲

的过程中发生变化，使得哑铃移至最上端时不能即刻锁定肩和肘而出现哑铃过度晃动，使肩部处于受伤风险中。

第三节　核心力量训练方法

身体的核心区指肩关节以下、髋关节以上包括骨盆在内的肌群，腰椎—骨盆—髋关节周围的肌群，底部为盆底肌和髋关节肌肉，顶部为膈肌。核心肌群分为运动肌群和稳定肌群，前者产生运动，主要分布在核心区的表层，如腹直肌、腹内外斜肌、竖脊肌和腰方肌；后者在运动中负责稳定脊柱和关节，主要分布在核心区深层，如腹横肌、多裂肌、髂肋肌、腰大肌等。强大的核心力量，能够保证有效的能量传递，产生高效的速度和力量，提高动作质量，稳定身体姿态，改善肌肉协调性和平衡性，并增强本体感受能力，降低运动损伤风险。根据对核心力量种类的划分，本教材将核心力量训练分为静态支撑核心力量练习和动态支撑核心力量练习，并遵循由稳定到不稳定、由静态到动态、由徒手到负重、由单平面到多平面的强度变化基本原则。

在龙舟的划船过程中，上体在插桨中向前屈曲旋转，在拉桨的过程中上体同时发生后伸和旋转，在回桨时上体再次前屈。可见在此过程中，躯干的屈肌肌群、伸肌肌群和旋转肌群成为主动肌。此外，上述所有的动作环节中，主动肌的发力都基于躯干的稳定肌群对脊柱和骨盆的稳定。因此，在龙舟的划船动作中，身体躯干既作为动力源的中间环节传递蹬腿力量，又作为划船的主要动力源为动作环节提供动力支持，所以日常的核心力量练习是龙舟力量训练的重要组成部分。依据龙舟划船的动作需要，这里将龙舟力量训练中的核心力量练习分为静态稳定类练习和动态力量类练习，其中动态力量类练习可分为屈伸类动作、旋转发力类动作和抗旋转发力类动作。

一、核心稳定类动作

此类动作主要以支撑动作为主，锻炼躯干核心的深层稳定肌群如腹横肌、棘肌、多裂肌等，增加脊柱在动作过程中的稳定性。此类动作的介绍按动作的难度由易到难依次进行。

(一) 俯卧支撑

1. 四点支撑

通常将四点支撑称为平板支撑。

【动作要领】

双手或双肘以肩宽宽度支撑于地面,且位于肩的正下方,双脚以肩宽宽度脚尖点地。抬起身体,使肩、髋、膝保持在一条直线上,身体左右两侧平行于地面。双肩顶起,收紧臀部和腹部,保持收腹挺胸和脊柱自然生理弯曲。头部保持正直,双眼直视地面(见图3-157)。

图 3-157 平板支撑

2. 三点支撑

【动作要领】

动作要领同上,先做好四点支撑,然后抬起单手或单脚使四点变为三点,抬起肢体时,要保持躯干的稳定和脊柱生理弯曲(见图3-158)。

图 3-158 三点支撑

3. 两点支撑

两点支撑动作难度明显高于三点和四点支撑。该动作可以分为同侧两点支撑和对侧两点支撑,前者的难度更高。

【动作要领】

以四点支撑作为准备动作,然后抬起对侧的手和脚,同时保持身体稳定,尤其是躯干能平行于地面和脊柱的生理弯曲。在此难度上,由四点支撑抬起同侧手和脚,同时保持躯干平行于地面和脊柱的生理弯曲(见图3-159)。

图 3-159 两点支撑

以上的几种支撑既可以单独地作为一种练习，又可以组合起来成为逐级增加的组合练习，来增加练习者的挑战难度。

【常见动作问题】

（1）塌腰或抬臀，由于腰腹力量不足，练习者在上述的支撑中出现塌腰或抬臀现象，尤其是塌腰动作会给下背部腰椎带来较大的挤压。

（2）身体尤其是骨盆不能保持与地面平行。非四点支撑由于支撑点较少，身体的不稳定因素增加，容易出现上述问题。

（3）双手（肘）支撑不能在肩部下方且塌肩。双手（肘）支撑在肩部靠上或靠下的位置虽然在一定程度上增加了支撑动作的难度，但是置肩部于非正常压力的角度之中。塌肩则使肩胛骨过分后伸而靠近脊柱，使其处于非解剖学位置。通常塌肩也往往会引起塌腰问题（见图3-160）。

图 3-160　俯卧支撑常见动作问题

（二）侧卧支撑

侧卧支撑（侧撑）是身体在矢状面或额状面的支撑，将更多的身体压力置于脊柱一侧的核心稳定肌群。常见的有并腿侧撑和分腿或抬腿侧撑。

1. 并腿侧撑

【动作要领】

肘关节撑地，前臂垂直于身体，并拢双脚，将身体撑离地面，使肩、髋、膝和踝保持在一条直线上。同时非支撑手向上抬起和支撑手的上臂在一条直线上，保持收腹挺胸、头部的正常位置和脊柱的生理弯曲。从侧面观看，整个身体应保持在一个平面内（图3-161）。

2. 抬腿侧撑

【动作要领】

在并腿侧撑的基础上，将上腿抬高，同时保持身体在并腿中的姿态。也可以上脚支撑，将下脚收回，下腿向前屈，并抬离地面。还可以将上腿向前方抬起并前伸，使动作难度更大（见图3-162）。

【常见动作问题】

（1）向后伸或向前伸髋。该动作问题从侧面观察动作时，整个身体不能保持在一个平面内，因而不能有效地刺激目标肌群。

图 3-161 并腿侧撑

图 3-162 抬腿侧撑

（2）脊柱不能保持自然生理弯曲。常见的有头部侧屈、前屈、塌腰或向上抬髋。这些问题都将脊柱置于不合理的压力之下。

3. 仰卧支撑

仰卧支撑主要是针对背部稳定肌群以及臀肌肌群的练习。根据腿的支撑角度，可将仰卧支撑分为屈腿仰卧支撑和直腿仰卧支撑，这两种动作根据动作难度可以分为双腿支撑和单腿支撑。

1）屈腿仰卧支撑

【动作要领（双腿支撑）】

该动作实际上是上文臀推中的伸髋结束动作，是一种静态的伸髋动作。

A. 准备动作。躺在垫子上，双腿屈膝 90°，双脚后跟踩地，间距与髋同宽，向上勾起脚尖。双手置于身体两侧或交叉于胸前，保持收腹挺胸（见图 3-163）。

屈腿仰卧
支撑（双腿）

图 3-163 屈腿仰卧支撑准备动作

B. 伸髋支撑。由脚跟发力，蹬地抬髋，直至膝、髋、肩在一个平面上，膝盖方向和脚尖一致，膝关节维持在 90°，同时收紧臀肌，放松腘绳肌，保持收腹挺胸，双眼注视天花板（见图 3-164）。

【动作要领（单腿支撑）】

A. 准备动作。躺在垫子上，单腿屈膝 90°，单脚后跟着地且稍向中间偏移，向上勾起脚尖。抬起非支撑腿，向前伸直保持脚尖勾起。双手置于身体两侧或交叉于胸前，保持收腹挺胸，双眼注视天花板（见图 3-165）。

B. 伸髋支撑。由支撑腿的脚跟蹬地发力，挺起髋部，直至支撑腿的膝、髋和肩在一个平面，同时非支撑腿随髋一起抬起与支撑腿的膝盖平齐，其脚踝、膝、髋、肩保持在同一

图 3-164　屈腿仰卧伸髋支撑

平面，保持臀部收紧，支撑腿腘绳肌放松和收腹挺胸（见图 3-166）。

图 3-165　单腿支撑准备动作

图 3-166　单腿支撑伸髋动作

屈腿仰卧支撑（单腿）

2）直腿仰卧支撑

直腿支撑由于拉长了支撑点和身体重心的距离使该动作难度增加，由于是直腿支撑，该动作会刺激到整个身体后链。

【动作要领（双腿支撑）】

A. 准备动作。躺于垫子上，双手放于身体两侧或交叉在胸上，双腿并拢，两脚尖勾起朝上，保持收腹挺胸，双眼注视天花板（见图 3-167）。

图 3-167　直腿仰卧支撑（双腿）准备动作

直腿仰卧支撑（双腿）

B. 伸髋支撑。由脚跟发力，收紧臀部和腿部，将髋部挺起且稍高于膝和肩部的连线，保持收腹挺胸（见图 3-168）。

【动作要领（单腿支撑）】

A. 准备动作。躺于垫子上，双手放于身体两侧或交叉在胸上，单脚后跟踩地且脚尖朝上，保持收腹挺胸。双眼注视天花板（见图 3-169）。

B. 伸髋支撑。由单脚跟发力，收紧臀部和腿部，将髋部挺起且稍高于膝和肩部的连线，非支撑腿稍稍抬离地面，保持收腹挺胸（见图 3-170）。

图 3-168　直腿仰卧支撑(双腿)伸髋动作

图 3-169　直腿仰卧支撑(单腿)准备动作

图 3-170　直腿仰卧支撑(单腿)伸髋动作

【常见动作问题】

(1) 伸髋后不能保持两髋连线平行于地面。

(2) 屈腿支撑中,伸髋后的屈腿膝关节角度大于 90°。膝关节在伸髋后的角度大于 90°会使大腿后侧的腘绳肌发力过多,而削弱了臀肌和稳定肌的发力。

上述所有的静态支撑动作以时间为准,依据练习者自身情况来设定支撑时间,通常会保持 1 分钟或更长时间,完成 3~4 组。也可以在徒手动作的基础上,增加额外负重,例如将负重放于俯卧支撑的后背上,或将负重放于仰卧支撑的腹部上等。

3) 四点支撑髋外旋

目标在于稳定脊柱,增强髋关节的灵活性和力量。

【动作要领】

A. 准备动作。双膝跪地,使髋关节屈曲 90°,双手在双膝前撑地,使上臂和身体成 90°,保持收腹挺胸,上身脊柱自然弯曲(见图 3-171)。

B. 髋外旋。在稳定身体的前提下,一侧髋外旋,使腿向外抬起直至最大幅度,停留

1~2秒后缓慢还原至准备姿势。动作的关键在于,外旋髋关节时其他身体各部位要保持稳定不动。该动作也可以做成抬髋后的绕圈动作,在刺激核心肌群的同时锻炼髋关节灵活性(见图3-172)。

图 3-171 四点支撑髋外旋准备动作

图 3-172 四点支撑髋外旋动作

除此之外,所有的静态支撑类练习还可以通过改变支撑平面来增加动作难度。通常所使用的工具有BOSU球、瑞士球、平衡板、泡沫轴等,通过不稳定的支撑点将静态平衡支撑动作转化为静态非平衡支撑动作。这里不再一一赘述。

二、核心动态类动作

(一)屈伸类动作核心力量

腹部肌群和背部肌群围绕在人体躯干四周,为脊柱提供了一个稳定的结构。腹直肌主要负责髋部和上身的屈曲、骨盆的后倾。由于龙舟的划船中,躯干的屈曲在回桨、插桨甚至拉桨中的发力环节发挥着重要作用,因此通过屈曲类的动作来发展躯干的屈曲能力,是龙舟核心力量训练的重要环节。训练包括腹部的屈曲动作和下背部的后伸动作。

1. 腹部屈曲动作

1)仰卧卷腹

躺于垫子上,双膝和髋屈90°,脚尖勾起且保持稳定,双臂伸直且五指并拢指向前方。由腹部肌群发力将上体卷起,同时双臂随身体向前伸,直至指尖能够触及脚。之后慢慢将动作还原。在卷腹时呼气,动作还原时吸气(见图3-173)。

仰卧卷腹

图 3-173 仰卧卷腹

2)坐姿卷腹

该动作通过固定骨盆使双腿向腹部靠拢。坐在垫子上,双手后撑地,手指指向前方,双臂稍屈,保持收腹挺胸。并拢双腿并抬离地面,双脚勾起,然后由腹部肌群和大腿屈髋肌发力将双膝收向胸前。双腿在此过程中保持屈髋,且小腿平行于地面,之后将双腿蹬直还原至准备动作。卷腹时呼气,动作还原则吸气(见图3-174)。

图 3-174　坐姿卷腹

3）仰卧负重卷腹

在仰卧卷腹动作基础上,双腿微屈,双臂向上直臂举起负重。由腹部肌群发力,将上体卷起,同时双臂随身体抬起直至整个胸椎抬离地面,之后慢慢下放身体将动作还原。卷腹时呼气,动作还原则吸气(见图3-175)。

图 3-175　仰卧负重卷腹

4）仰卧卷腹抛接药球

该动作在仰卧卷腹的基础上进行实心球或药球的抛接,由于要将重物抛接,在抛出的过程中需要腹部的快速发力,而在接重物时腹部肌群做离心收缩减速缓冲。在仰卧卷腹动作基础上,双手抓药球或实心球置于头后,在卷腹的时候将球抛向练习同伴,然后由同伴再将球抛回,练习者在卷腹动作末端用双手借助抛回的药球并瞬间躺下还原(见图3-176)。

图 3-176　仰卧卷腹抛接药球

5）仰卧反式卷腹

该动作与仰卧卷腹相反,是由下肢卷向躯干的动作,除了能够有效地练习腹直肌外,还能练习屈髋肌。躺在平凳上，双手在脑后抓住平凳边缘，双腿伸直并拢，保持收腹挺胸，然后先向腹部屈膝收拢双腿且膝关节弯曲90°～150°，当双膝到达腹部时，通过腹部和大腿屈髋肌发力将臀部抬离平凳直至双膝接近脸部上方。之后缓慢地将臀部放回平凳，继而将双腿伸直还原至起始位置。整个过程中，应保持身体的稳定（见图3-177）。

仰卧反式卷腹

图 3-177 仰卧反式卷腹

【常见动作问题】

（1）颈部紧张参与卷腹发力。无论哪种仰卧卷腹，都会出现颈部在卷腹过程中过度发力的现象，应放松颈部肌群，双眼盯住天花板而不是双脚，依靠腹部肌群发力。

（2）在卷腹抛接球中，卷腹不充分，主要依靠双臂将球抛出，该动作是双臂和腹部肌群同时发力的过程，单独靠双臂抛球并不能有效地训练腹部肌群的爆发力或耐力。

6）双杠卷腹

双杠卷腹是上述两个动作的高级形式，借助双杠来完成反式卷腹。可以分为肘撑双杠卷腹和悬垂卷腹。

【动作要领】

前臂屈90°，将前臂和肘端撑在双杠上，双杠宽度调至与肩同宽。后背紧贴靠背，双肩向上撑起，保持收腹挺胸。身体自然下垂，双腿并拢，双脚尖向上勾起。之后以屈髋肌和腹肌发力，将骨盆和双腿向上抬起，保持双腿微曲，双腿尽量抬高使骨盆后倾至最大幅度。然后有控制地缓慢下放至垂直姿态。悬垂卷腹则需要双手抓握单杠，将手臂伸直使整个身体悬垂，之后完成上述动作（见图3-178）。

双杠卷腹

图 3-178 双杠卷腹

【常见动作问题】

（1）塌肩。在双杠卷腹中由于双肩不能有力支撑，使整个身体下坠而导致身体不能绷紧，不能为屈髋肌和腹肌的发力提供稳定的条件。

（2）依靠下肢摆动完成动作。正确的做法是以屈髋肌和腹肌主动收缩来最大幅度地完成动作，而不是依靠下肢摆动产生的惯性来达到动作的最大幅度。

7）健腹轮卷腹

健腹轮卷腹是卷腹的高级动作，加入了双臂的前后屈伸，因此该动作也更加接近龙舟划船技术的一个动作。健腹轮卷腹并非真正意义上的卷腹，该动作只是在上身随健腹轮推出和收回的过程中发生了轻微的卷腹，事实上整个过程中，腰腹肌的收缩形式更多的是等长收缩。

【动作要领】

双腿并拢跪在垫子上，双手抓握健腹轮两端把手，双臂保持伸直，将健腹轮置于膝盖正前方。在保持收腹挺胸的前提下，双臂将健腹轮向前推出，直至整个上身接近平行地面，同时双手腕保持正直，下背保持正常的脊柱自然弯曲，双眼平视正下方。屏住呼吸后，双臂后伸向膝盖方向回拉健腹轮，同时依然保持上身脊柱自然弯曲，直至将健腹轮拉回起点（见图 3-179）。

健腹轮卷腹

图 3-179　健腹轮卷腹

【常见动作问题】

（1）在整个动作过程中，不能保持脊柱的自然生理弯曲，主要体现在臀部抬高和下背下塌。

（2）在整个动作过程中，上身不能随双臂前推下降，致使双臂为主要发力来源，失去了动作练习的意义。

（3）在健腹轮前推的过程中，手腕过度后伸使其处于较大压力之下。

8）瑞士球卷腹

瑞士球卷腹增加了支撑点的不平衡性，一方面增加了动作强度，另一方面能够提高肩部和核心区的稳定性。这对划船时的肩部稳定是十分有利的。

【动作要领】

A. 动作（1）要领。双臂伸直于肩部下方且双手撑地，将腿并拢，小腿置于瑞士球上，使整个身体保持平直，收腹挺胸，眼睛直视下方。之后在保持上身稳定的前提下，向前屈膝、屈髋，直至最大幅度，这时瑞士球从小腿滚至脚背，然后再将球推回至小腿（见图 3-180）。

瑞士球卷腹(1)

图 3-180　瑞士球卷腹(1)

B.动作(2)要领。双臂伸直于肩部下方且双手撑地,将腿并拢,小腿置于瑞士球上,使整个身体保持平直,收腹挺胸,双眼直视下方。之后保持上身稳定的前提下,直腿向前屈髋,使臀部上抬,直至臀部和上身在同一平面,形成上身倒立姿势,这时瑞士球从小腿滚至脚尖,然后按原路返回,再将球推回至小腿,同时保持上身的稳定(见图 3-181)。

瑞士球卷腹(2)

图 3-181　瑞士球卷腹(2)

【常见动作问题】

(1)在整个动作过程中,不能保持脊柱的自然生理弯曲,主要体现在下背下塌。

(2)在整个动作过程中,不能保持身体平衡和肩部的稳定。

2. 背部后伸动作

背部肌群包括表层的竖脊肌和深层的腰肌、腰方肌和脊柱周围的小肌肉群,这些肌肉主要负责脊柱的屈伸、回旋和稳定性。在龙舟划船中的拉桨阶段中,背部肌群除了提供力量来源外,还负责向上肢传递下肢的蹬伸力量。背部的后伸动作是练习下背部和中背部肌群的主要练习方法。由于龙舟运动对腰部力量和耐力的高要求,对腰部的训练,在龙舟力量训练中占据重要成分。龙舟运动的腰部力量训练动作常见的有俯卧挺身、山羊挺身及反式山羊挺身。

1)俯卧挺身

【俯卧挺身(双侧)动作要领】

趴在垫子上,低头,双手掌心向内置于双耳后,双肘抬起,双脚跟靠拢,脚尖打开,双腿伸直,臀部夹紧。由背部和臀部发力将上身和双腿同时抬离地面,且保持 1~2 秒,之后有控制地缓慢下放(见图 3-182)。

 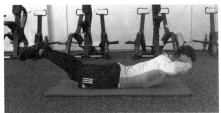

俯卧挺身（双侧）

图 3-182　俯卧挺身（双侧）

【俯卧挺身（单侧）动作要领】

趴在垫子上，低头使下颌贴于垫子。双臂向前伸直且在双耳旁，双手掌心朝下，脚尖打开，双腿伸直，臀部夹紧。先由下背部和臀肌发力使四肢稍微抬离地面。之后，大幅度向上抬高单侧手臂和对侧腿，保持1～2秒后还原至抬离地面姿态，再按同样的方式抬高另外一侧肢体。也可以抬离同侧的手臂和腿，或两种方式交替进行（见图3-183）。

俯卧挺身（单侧）

图 3-183　俯卧挺身（单侧）

2）山羊挺身

【动作要领】

趴在山羊挺身架上，将髂前下棘以上的身体部分露出，低头双手掌心朝下置于双耳后，双肘抬起，上体放松屈髋至最低点。双脚跟或小腿下端顶在卡腿装置下，然后，下腰和臀部发力将上身抬起，直至上身与下身保持在一条直线上，并保持1～2秒，之后缓慢下放至准备动作姿态。山羊挺身可以适当负重来增加动作难度提高训练负荷，通过双臂交叉于身体前侧，并抱住负重如杠铃片或哑铃，其他动作如上所述（见图3-184）。

山羊挺身

图 3-184　山羊挺身

3）反式山羊挺身

【动作要领】

反式山羊挺身是山羊挺身的变式动作，不同的是该动作是固定上身，运动下身来锻炼下背部肌群。趴于稍高的平凳一端，髂前下棘以下身体部分露于空中，以上身体部分趴于平凳上且双手抓握在平凳边缘，将上部分固定，双腿并拢自然下放。然后由下背部发力将整个下半身拉起直至上下身体在一条直线上，并保持1～2秒。之后有控制地缓慢放回准备姿态（见图3-185）。

反式山羊挺身

图 3-185　反式山羊挺身

【常见动作问题】

（1）山羊挺身或反式山羊挺身时，不能将身体非运动部位正确固定。固定身体应以髂前棘为界线将其上部分或下部分露出。在山羊挺身中，如果将上身露出过多，则会削弱下背部在伸背中的发力，而过多使用腘绳肌发力。同样在反式山羊挺身中，也会造成同样的问题。

（2）肢体在动作结束时，幅度过大或过低，在肢体上抬中，如果过多地超过身体正常的屈曲幅度则会给下背部带来较大压力，如果低于正常的屈曲幅度则不能有效刺激下背部肌群。

（二）旋转类动作

躯干在平面和对角斜面中的侧弯和旋转是由内斜肌、外斜肌共同作用下完成的。这些肌肉在使躯干旋转和对抗旋转中发挥着主要作用。上身在龙舟的划船动作并非完全是屈伸，而是屈伸和旋转同时发生产生的动力。因此，在力量训练中除了要对躯干的屈伸肌群进行训练，还要训练躯干的旋转肌群，主要是腹内外斜肌、腰肌等。

旋转类动作可以徒手完成，也可以使用药球、弹力带等器材增加动作强度，这里根据旋转方向，将这些旋转动作分为水平旋转类和对角线旋转类。其中龙舟核心力量训练经常使用的水平旋转类动作有徒手（负重）俄罗斯转体、俄罗斯转体抛接药球、站姿杠铃转体、弹力带水平转体、药球抛接等。对角线旋转类动作主要有弹力带（绳索）上挑、弹力带（绳索）下砍等。环绕类动作主要是站姿或跪姿负重水平环绕、站姿或跪姿负重左右环绕。

1．水平旋转类动作

1）徒手（负重）俄罗斯转体

【动作要领】

坐于垫子，双脚并拢，脚尖勾起，双膝微屈，身体稍为后仰，绷紧腹肌，双手将负重或徒手直臂于身体前方正中，保持收腹挺胸。由身体一侧发力，使上身向发力侧旋转（转肩）直至对侧肩部靠近身体正前方中间位置，然后以同样的方式向另一侧旋转，在整个动作过程中，保持头部稳定，双眼注视前方，整个下身保持稳定，且躯干保持稳定的后仰角度（120°～150°）（见图3-186）。

该动作常见问题是整个动作过程中不能保持身体后仰角度和转肩不充分。

图 3-186 俄罗斯转体

2）俄罗斯转体抛接药球

【动作要领】

在俄罗斯转体动作的基础上，双手持药球于身体一侧，头部转向练习同伴，然后转肩同时将药球抛给同伴，同伴接到药球后迅速将药球抛回练习者，练习者接住药球的同时转身至准备动作。一侧练习完毕后，另一侧按相同的方法进行，当没有练习同伴时，可以选择将对墙抛接药球，动作同上，要注意的是身体和墙之间的距离不要影响药球的回弹而影响动作的连续性（见图 3-187）。

图 3-187 俄罗斯转体抛接药球

药球的选择如表 3-1 所示。

表 3-1 体重和药球重量关系

体　　重	药球的重量（旋转抛）	药球的重量（过头抛）
45～61 公斤	4 磅（约 2 公斤）	2 磅（约 1 公斤）
61～79 公斤	6 磅（约 3 公斤）	4 磅（约 2 公斤）
79～90 公斤	8 磅（约 4 公斤）	6 磅（约 3 公斤）
90～113 公斤	10 磅（约 5 公斤）	8 磅（约 4 公斤）

3）站姿杠铃转体

【动作要领】

将杠铃杆一端插固定，站在杠铃杆另一端，双脚与肩同宽，双手握住杠铃杆另一端，双臂伸直保持收腹挺胸。之后转肩使杠铃随转肩转到身体一侧的大腿根部的位置，然后绷紧身体，由另一侧发力通过转肩将杠铃转到身体另一侧的大腿根部，如此反复。在此过程中，如果练习目标只是针对旋转肌群，那么上述动作中要保持双腿的直立，只是双肩带动上身的旋转。如果将动力链加入到动作中，则在旋转时，加入屈膝、蹬腿、转髋动作，动作幅度在原有基础上加大,要注意的是在整个过程中,需要始终保持头部稳定、双眼注视前方,且同侧脚尖指向外侧,蹬腿后指向前方(见图 3-188)。

站姿杠铃转体

图 3-188　站姿杠铃转体

【常见动作问题】

(1) 在非动力链发力的杠铃转体中使用动力链发力。即在转体摆动杠铃时,过多地使用蹬腿转髋发力而减少了核心区旋转肌群的发力程度。

(2) 在动力链发力的杠铃转体中没有正确的动力链。在转体摆动杠铃时过多地使用核心旋转肌群,而且没有使用蹬腿、转髋、转肩协调发力。

(3) 在动作中不能使身体保持紧张,致使在转体发力时,身体晃动而影响发力。

(4) 在动作中,头部不能保持稳定而随着转肩转动。头部的转动会带动整个脊柱转动且位置发生左右移动,使身体左右晃动而影响发力。

(5) 在动作过程中,双臂离身体过近,减小了杠铃摆动幅度,使得身体和杠铃的力臂缩短而降低了动作难度。

4) 弹力带水平转体

该动作借助弹力带,给身体在水平面内的旋转增加阻力。该动作除了使躯干旋转肌主动发力拉长弹力带外,在弹力带缩回的过程中还需要对抗弹力带的回缩阻力来提高旋转肌群抗旋转的能力,根据练习者的需要,该动作可以采取不同的站姿,有平行站姿、弓步站姿、双腿跪姿、弓步跪姿几种。

【动作要领】

A. 准备动作。平行站姿即双脚与肩同宽站立,双腿微屈,阻力与矢状面垂直。弓步站姿即采用前弓步,前腿弓步,至膝关节接近 90°,后腿屈曲 90°～120°,阻力在后腿同侧且与身体矢状面垂直。双腿跪姿即双膝跪地与肩同宽,阻力与身体矢状面垂直。弓步跪姿,即前腿弓步,至膝关节为 90°,后腿跪在地上且屈膝 90°,阻力在后腿同侧且与身体矢状面垂直。所有姿势都应保持收腹挺胸,收紧躯干,保持脊柱自然弯曲,双眼平视前方。将弹力带一端固定且与手臂同高。双手抓住弹力带一端且掌心相对,并调整弹力带长度以达到合适的阻力,使弹力带拉紧,双臂伸直或屈肘 90°(见图 3-189)。

B. 转肩。紧绷腰腹以稳定腰椎,保持下身紧绷。由腰腹发力向阻力相反方向转肩直至最大幅度,保持 1～2 秒(见图 3-190)。

C. 抗旋转(动作还原)。在转肩达到最大幅度后,绷紧腰腹有控制地还原。

弹力带
水平转体

图 3-189 弹力带转体准备动作　　图 3-190 弹力带转体转肩动作

【常见动作问题】

（1）准备动作。站姿不稳，表现在双腿宽度不合适，弹力带固定高度不合适，弹力带在动作开始前不能拉紧，双手抓握方式不合适等。这些问题都会影响转肩时身体的稳定性和发力感觉。

（2）转肩动作。常见的问题是下腰部和头部随肩部一同旋转。因为在解剖学中，腰椎和颈椎虽然可以旋转，但其功能更倾向稳定作用，而胸椎则更倾向灵活性，躯干旋转肌除了能使脊柱发生旋转外，更多的功能在于对抗外界阻力对脊柱的旋转来达到稳定脊柱的目的。此外在转肩的过程中，还会经常看到身体倒向阻力的相反方向，意味着练习者并没有通过躯干腰腹肌群对抗阻力。

（3）动作还原。经常表现在随着弹力带迅速回缩被动还原，以至于失去躯干旋转肌群抗旋转的机会。

5）药球抛接

弹力带水平旋转动作中的弹力带完全可以由药球来替换。药球的抛接既可以锻炼躯干旋转肌，又可以锻炼整个身体的爆发力和协调发力。

针对旋转肌：同弹力带水平旋转动作，采用同样的准备姿势，平行站姿或跪姿抛接药球，即双脚与肩同宽站立，双膝微屈或双膝跪地，面对同伴或墙，双手抓握住药球于身体前侧。然后双手随药球转向一侧，直至另一侧肩部转向前方，之后用力转回肩并将药球抛向前方同伴或墙，再接住回药球，如此反复。弓步站姿或跪姿抛接药球，采用与弹力带弓步站姿或跪姿旋转准备动作。双手抓药球于后腿同侧，头部转向前腿侧，发力转肩将药球抛向旁侧的同伴或者墙壁，然后再借助回球直至动作还原，如此反复（见图 3-191）。

药球抛接

图 3-191 药球抛接

针对身体爆发力，类比上述动作，区别在于所有动作需要借助动力链。站姿动作需要蹬腿转髋、转肩，非站姿动作需转髋、转肩来协调发力。

2. 对角线类

龙舟中的划船动作具有对角线运动成分。在拉桨动作中，上肩与下手同侧髋连线形成对角斜线，在上手撑桨和下手拉桨的过程中，形成肩部斜向下、躯干后伸、旋转的发力模式。因此，在进行核心力量训练时，加入对角线动作使训练更具专项性，有利于专项划船能力提升。对角线动作可以按照是否有旋转动作分为非旋转对角线动作和旋转类对角线动作。后者在前者的基础上添加了旋转成分，因此更具专项性。对角线动作通常会使用绳索或弹力带，一般带有一定长度绳索的训练器材价格较贵，在大学中配备较少，如气压式绳索训练器，插片式绳索训练器等，较少的此类器械并不能满足人数较多的龙舟运动员的使用。相比之下弹力带价格便宜，强度可选择，且便于携带，虽然在提供阻力性质上不太具专项性特点，即拉伸越长阻力越大，动作速度越慢，而绳索可以提供类似专项发力需求的阻力。

1）非旋转对角线类

弹力带上挑和弹力带下砍是常见的非旋转对角线动作，这些动作可以采用跪姿，也可以采用站姿。

【弹力带上挑动作要领】

采用弓步跪姿，前腿弓步90°，后腿屈膝90°跪在垫子上，弹力带一端固定在后腿侧的和膝盖相对且稍远的地面。双手正握弹力带另一端，拉紧弹力带，双手相并且保持双臂伸直，保持收腹挺胸和身体平稳。然后收紧躯干，由双臂发力将弹力带由最低点拉至与外肩斜线连接的最高点，保持1~2秒，之后将弹力带慢慢放回至起点（见图3-192）。如果采用站姿，双腿平行站立，双腿屈曲，将弹力带一端固定在离内侧脚稍远的地面，双手正握弹力带另一端，双手相并且保持双臂伸直。其他动作同弓步跪姿动作。

弹力带上挑
（非旋转）

弹力带上挑
（旋转）

图3-192 弹力带上挑

【弹力带下砍动作要领】

采用弓步跪姿，前腿弓步90°，后腿屈膝90°，跪在垫子上，弹力带一端固定在前腿侧肩部斜上的位置，能使双手正握抓住弹力带后双臂保持伸直的高度，保持收腹挺胸和身体平稳。然后收紧躯干，由双臂发力将弹力带由最高点拉至与弹力带斜线延长线的最下端，保持1~2秒，之后将弹力带慢慢放回至起点（见图3-193）。采用站姿时，双腿平行站立，双膝屈曲，将弹力带一端固定在内侧腿肩部斜上的位置，高度能供双手正握抓住弹力带后双臂能保持伸直,保持收腹挺胸和身体平稳。其他动作同弓步跪姿动作。

弹力带下砍
（非旋转）

弹力带下砍
（旋转）

图 3-193 弹力带下砍

2）旋转对角线类

【动作要领】

此类动作类似于非旋转对角线类动作,不同之处是当弹力带拉至最高（低）点时,同时向弹力带对侧转肩转身,其中弓步跪姿动作仍然要保持身体的稳定,站姿动作则需利用动力链,蹬腿转髋转肩,直至使弹力带拉至新的最高点。保持 1～2 秒后,按相同路径,回放至起点。

【常见动作问题】

（1）不论是哪种对角线类动作,常见的问题之一就是对弹力无控制,表现在拉动弹力带时不能保持身体稳定或放回时不能控制弹力带缓慢回至起点,身体不稳定影响发力,无控制地放回则失去弹力带回缩力的刺激。

（2）由于弹力带在身体一侧提供阻力,在拉动弹力带时如果身体不能紧绷,则多出现通过向对侧过多地倾斜身体来对抗弹力带阻力的问题。

绳索类相同动作同上述弹力带动作。此外,上述旋转类对角线动作也可以使用药球做非抛接动作,要求在动作终点通过旋转发力将药球抛向空中或砸向地面,也可以做抛接类动作。要注意的是药球的抛接方向和上述动作的拉动方向一致——对角斜线方向,且需要更具爆发力。

（三）环绕动作

1. 负重水平环绕

【动作要领】

A. 准备动作。站姿或双腿跪姿,双手持哑铃或杠铃片于身前,双臂自然垂直下放,保持收腹挺胸（见图 3-194）。

B. 环绕动作。保持下背部稳定前提下,由双臂微屈,持重量从身体一侧开始,从下往上环绕,经过头部后绕到身体另一侧,之后用同样的方式从该侧再绕回,依此往复（见图 3-195）。

【常见动作问题】

在负重环绕过程中,为了将重量绕过头顶,不能保持下背部的稳定,而是上身出现过多的摆动。

图 3-194　负重水平环绕准备动作　　　图 3-195　负重水平环绕动作

2. 负重左右环绕

【动作要领】

A. 准备动作。站姿或双腿跪姿,双手直臂举起哑铃或杠铃片于头上,保持收腹挺胸(图 3-196)。

B. 环绕动作。由双臂微屈持重量,从头上向身体前有控制地放下,转动身体做类似于皮划艇的划船动作,在划船动作结束后再将重量举至头顶,然后从另一侧身体前方向后,转动身体,再做相同的划船动作,如此往复(见图 3-197)。

图 3-196　负重左右环绕准备动作　　　图 3-197　负重左右环绕动作

【常见动作问题】

常见的动作问题是在负重做类似划船的环绕动作过程中,不能保持下背部的稳定,而使上身出现过多的摆动。

第四节　力量动作组合方法

力量训练是龙舟训练中的重要部分,除了水上的专项训练,运动员剩余的训练时间基本上都用在力量训练中。本章第一至第三节已经列举了多个龙舟力量训练中常见的训练动作,此外还有很多未列出的训练动作,那么怎样将这些动作结合起来成为一项力量训练计划？怎样合理安排每周的力量训练计划？

对于龙舟力量训练而言，在制订计划时首先要考虑训练人数、可以使用的训练器材和队员可支配的训练时间，然后再考虑动作以及动作间的组合。鉴于大学生龙舟运动员参训人数多，一般大学中的力量训练器材并不充裕的状况，本部分推荐上（下）身力量动作组合核心力量动作的训练组合模式，运动员在这种组合模式中可以充分利用上（下）身力量动作训练间歇时间来完成一个和该动作几乎毫不相干的核心力量训练动作，使运动员在有限的时间内，能完成更多的训练动作，进而提高训练的整体负荷。

普通大学生龙舟运动员每周的力量训练次数完全取决于水上训练的次数和队员可支配的训练时间。这里假定每次训练课都能保证有90分钟，训练课采用上（下）身力量动作组合核心力量动作的训练组合模式。如果每周只能训练1次，则尽量安排全身各部位的力量动作，并以核心训练动作为主，每个部位不宜超过2个动作。如果每周能安排2次力量训练，可以重复使用同一全身训练计划。如果每周能够安排3次力量训练，上身双侧拉的动作可以做2次，双侧推的动作1次；下身膝关节屈伸为主导的动作可以做2次，其中1次双侧练习和1次单侧练习，髋关节屈伸为主导的动作做1次。在下周的训练中上身仍保持2推1拉；下身膝关节屈伸为主导的动作可以做1次，髋关节屈伸为主导的动作做2次，包括1次双侧练习和1次单侧练习，往复交替。或者2次上身双侧推拉动作，1次上身单侧推拉动作；下身动作同上。如果每周能安排4次力量训练，可以安排2次全身双侧动作，2次全身单侧动作；或者3次双侧动作，包括2次相同动作和1次同部位的替换动作，1次全身单侧动作。需要说明的是，由于腿部力量练习本身对核心力量和稳定性有较大刺激，所以在下肢力量动作中不再组合其他核心练习动作。详见每周不同龙舟力量训练天数的模式举例（见表3-2～表3-6）。

经典的力量训练计划应该按照前文所讲力量训练的动作顺序，即需要神经兴奋度高的动作放在前面。一般而言，通常会将下肢训练放在爆发力训练之后，因为下肢力量需要更多的能量和神经兴奋性。但是在实际的大学龙舟运动员的力量训练中，很可能遇到人数多，但器械不够的情况，这就需要根据人数，将训练计划分开执行，即某些组从某个动作开始依次完成，另一些组从另一个动作开始依次完成，这样可能遇到有些队员从下肢练习开始，有些队员从上肢开始。这时要提醒运动员在换动作的时候，尤其接下来是下肢动作的，要充分保证间歇。但总体上，要保证所有的小肌肉群力量练习放在训练课的最后。

表3-2　每周1次训练动作举例

1	爆发力（1个动作）
2	卧拉＋腰腹（前）
3	后蹲
4	卧推＋腰腹（后）
5	硬拉
6	引体＋腰腹（旋转）
7	杠铃伸髋
8	杠铃推举＋腰腹（静态）
9	双杠臂屈伸＋腰腹（静态）

表 3-3　每周 2 次训练动作举例

周　一	周　三
爆发力（1 个动作）	爆发力（1 个动作）
卧拉＋腰腹（前）	卧拉＋腰腹（前）
后蹲	坐姿蹬腿
卧推＋腰腹（后）	卧推＋腰腹（后）
硬拉	硬拉
引体＋腰腹（旋转）	引体＋腰腹（旋转）
杠铃伸髋	杠铃伸髋
杠铃推举＋腰腹（静态）	杠铃推举＋腰腹（静态）
双杠臂屈伸＋腰腹（静态）	双杠臂屈伸＋腰腹（静态）

表 3-4　每周 3 次训练动作举例（一）

周　一	周　三	周　五
爆发力（1 个动作）	爆发力（1 个动作）	爆发力（1 个动作）
卧拉＋腰腹（前）	哑铃单臂俯身划船＋腰腹（前）	卧拉＋腰腹（前）
后蹲	后腿分腿蹲	坐姿蹬腿
卧推＋腰腹（后）	哑铃卧推＋腰腹（后）	卧推＋腰腹（后）
硬拉	单腿硬拉	硬拉
引体＋腰腹（旋转）	哑铃俯身飞鸟＋腰腹（旋转）	引体＋腰腹（旋转）
杠铃伸髋	单腿杠铃伸髋	杠铃伸髋
杠铃推举＋腰腹（静态）	哑铃推举＋腰腹（环绕）	杠铃推举＋腰腹（静态）
双杠臂屈伸＋腰腹（静态）	哑铃推举＋腰腹（环绕）	双杠臂屈伸＋腰腹（静态）

表 3-5　每周 3 次训练动作举例（二）

周　一	周　三	周　五
爆发力（1 个动作）	引体＋腰腹（静态）	爆发力（1 个动作）
卧拉＋腰腹（前）	后腿分腿蹲＋腰腹（前）	卧拉＋腰腹（前）
后蹲	哑铃卧推＋腰腹（后）	后蹲
卧推＋腰腹（后）	单腿硬拉＋腰腹（旋转）	引体＋腰腹（旋转）
硬拉	杠铃推举	硬拉
引体＋腰腹（旋转）	杠铃伸髋	双杠臂屈伸＋腰腹（静态）
双杠臂屈伸	杠铃伸髋	双杠臂屈伸＋腰腹（静态）

表 3-6　每周 4 次训练动作举例

周　一	周　二	周　三	周　五
爆发力(1 个动作)	爆发力(1 个动作)	爆发力(1 个动作)	爆发力(1 个动作)
卧拉＋腰腹(前)	哑铃单臂俯身划船＋腰腹(前)	卧拉＋腰腹(前)	哑铃单臂俯身划船＋腰腹(前)
后蹲	后腿分腿蹲	后蹲	后腿分腿蹲
卧推＋腰腹(后)	哑铃卧推＋腰腹(后)	卧推＋腰腹(后)	哑铃卧推＋腰腹(后)
硬拉	杠铃伸髋	硬拉	单腿杠铃伸髋
引体＋腰腹(旋转)	哑铃推举＋腰腹(环绕)	引体＋腰腹(旋转)	站姿划船＋腰腹(环绕)
杠铃推举＋腰腹(静态)		杠铃推举＋腰腹(静态)	
双杠臂屈伸		双杠臂屈伸＋腰腹(静态)	

第四章

龙舟运动耐力训练

第一节 耐力训练分类及其影响因素

一、耐力训练分类

耐力是组成运动员体能的重要素质之一。根据运动项目的持续时间和对氧气的需求程度,一般将耐力分为有氧耐力和无氧耐力。由于有氧耐力通常指运动员长时间进行低强度运动的能力,所以有氧耐力也被称为低强度运动耐力;无氧耐力通常指运动员短时间进行高强度运动的能力,所以无氧耐力也被称为高强度运动耐力。

低强度运动耐力(有氧耐力)以氧化能系统供能,由于这种耐力利用三大能源物质的有氧氧化,在产生ATP时,还会产生大量的磷酸肌酸,而磷酸肌酸是生成ATP的重要基础,所以良好的有氧耐力是多数运动项目的基础。虽然有研究表明适量的低强度有氧耐力训练能够促进运动员的机体恢复,但是过多地发展低强度运动耐力会使运动员的力量速度曲线发生右移,对其快速的力量输出——爆发力产生消极的影响,而爆发力正是多数高强度无氧运动所必需的。除此以外,过多的低强度运动耐力训练还会造成肌纤维的改变,表现在Ⅱ型肌纤维减少、Ⅰ型纤维增多,给包括爆发力在内的速度、反应力量等需要快速产生力量输出的素质带来不利影响。

二、耐力训练的影响因素

有氧耐力受最大摄氧量、乳酸阈值、运动的经济性等因素的影响。

最大摄氧量是指在极限运动中氧气被身体最大程度摄取并利用的能力,是决定有氧耐力的主要因素。

乳酸阈值指在渐增负荷运动中,血乳酸浓度随运动负荷的递增而增加,当运动强度达到某一负荷时,血乳酸出现急剧增加的那一点,所对应的强度为乳酸阈强度,是有氧代谢向无氧代谢的临界点。该值越高,说明有氧工作能力越强,动用乳酸功能越晚。训练经验不足者的乳酸阈值约为最大摄氧量的50%～60%,而经验丰富的训练者的乳酸阈值约为最大摄氧量的75%～90%。当血乳酸值为4毫摩尔时,在乳酸累积曲线中会出现乳酸阈值之后的第二个拐点,被称作血乳酸堆积点,当然该点所对应的训练强度要高于第一拐点乳酸阈所对应的训练强度,也是评价运动员有氧能力的指标之一。

运动的经济性,指在某个特定运动速度下,活动的能量成本。通常运动竞技性高,在相同的运动速度下所消耗的能量就低。对于龙舟运动而言,划船时桨叶和水之间的角度、拉桨时动用身体做功的能力、鼓手和划手之间划船节奏的配合、舵手打舵使船前进的路径等都是运动经济性的体现。

高强度运动耐力(无氧耐力)以磷酸原系统或酵解能系统供能,是中高强度、短时间运动所必需的。高强度运动耐力并不会像低强度运动耐力那样降低快速力量的输出水平,相反这种耐力训练还有利于这种素质的发展。除此之外,高强度运动耐力训练,例如高强度间歇训练除了能够提高相应的无氧耐力水平外,还对低强度的有氧耐力水平产生有利影响。因此,当前发展耐力的方法也以高强度运动的耐力训练为主。

无氧耐力主要受优先激活无氧供能系统的能力、乳酸缓冲能力的影响。在比赛中谁能够优先激活无氧供能系统,谁就能在短时间内动员肌肉收缩,肌肉中的三磷酸腺苷、磷酸肌酸储备以及磷酸肌酸再次合成三磷酸腺苷的能力是优先激活无氧供能系统的基础。糖原含量及其酵解酶活性是糖无氧酵解的物质基础。在短时间的高强度运动中,运动最初基本上都由磷酸原系统供能,但是随着时间的延长,酵解能开始供能。在较长时间的中低强度运动中,开始是以氧化系统供能,随着身体对氧气的消耗的增加,也可能会动用酵解能供能。在动用酵解能供能时,机体存在乳酸生成和缓冲的一种平衡,这种平衡被称为最大乳酸稳态。良好的乳酸缓冲能力能够最大限度地缓冲身体堆积的乳酸,来减缓身体疲劳。

龙舟竞赛项目一般以短距离直道赛为主,常见100米、200米、500米、1000米直道赛,以长距离绕标赛、往返赛为辅。可以看出当前所设置的龙舟竞赛项目多以高强度运动耐力(无氧耐力)为主,以低强度运动耐力(有氧耐力)为辅,因此发展龙舟运动员的耐力,应以高强度运动耐力(无氧耐力)为主,以低强度运动耐力(有氧耐力)为辅。

第二节 龙舟运动耐力训练要素和方法

一、耐力训练要素

(一)训练强度

耐力中的训练强度指特定时间所达到的距离,或特定距离完成的时间。通常训练强度越大,运动持续的时间越短。常见的评价耐力训练的强度指标有最大摄氧量、靶心率、乳酸阈值等,由于最大摄氧量和乳酸阈值需要特定的工具来测定,靶心率就成为使用最广泛的监控耐力训练强度的指标。当然,也可用心率来推测最大摄氧量,但是这种方法不是特别准确(见表4-1)。

表4-1 最大摄氧量和最大心率对应关系

项 目	强度对应关系										
最大摄氧量百分比	50	55	60	65	70	75	80	85	90	95	100
最大心率百分比	66	70	74	77	81	85	88	92	96	98	100

用心率来评价耐力训练强度是较为常见的方法。心率指每分钟心跳的次数,靶心率指针对某一运动强度所要达到的心率。最大心率指220与年龄的差值,基础心率指清晨起床时静卧时的心率,安静心率指无运动状态下的心率,保留心率是最大心率与安静心率的差值。靶心率可以通过上述心率的关系获得。最常使用的是卡氏公式,即靶心率=(保留心率×运动强度百分比)+安静心率。训练目标不同,靶心率也不同,通常低于

80%的训练强度被视为中低强度,高于80%的强度被视为高强度。不同训练目标的强度百分比如表4-2所示。

表4-2 不同训练目标下靶心率的计算方式

训 练 目 标	公 式
热身跑、身体恢复、适应有氧运动	保留心率×(50%～60%)+安静心率
提升耐力、燃烧脂肪	保留心率×(60%～70%)+安静心率
强化有氧及心肺功能、提高速度	保留心率×(70%～80%)+安静心率
提升跑步速度	保留心率×(80%～90%)+安静心率
间歇性的短距离爆发训练	保留心率×(90%～100%)+安静心率

例如,一名20岁的大学生龙舟运动员,安静时的心率为60次,他的有氧耐力强度区间为:

最大心率=220－60=160次

保留心率=160－60=100次

靶心率=100×(0.6～0.7)+60=120～130次

所以该队员如果要有效发展有氧耐力水平,训练强度应该控制在每分钟120～130次的心率区间,且保证持续较长时间。

（二）训练频率

耐力训练频率值指每周或每天进行耐力训练的次数。训练课的多少取决于每次课的训练强度、多次训练课的强度积累和运动员的恢复情况。一般而言,准备期的耐力训练较多,对于大学生龙舟运动员而言,在准备期,水上训练基本以水上耐力训练为主,如果时间比较充裕的话,每周4～5次,时间不足时要保证有3次水上耐力训练,陆上耐力训练2～3次。比赛期由于专项训练次数的增多,低强度的耐力训练次数较少,水上耐力训练每周2～3次,陆上耐力训练1～2次。

（三）训练持续时间

训练持续时间指每次耐力训练的持续时间。一般而言,强度较低则训练持续时间较长,比如龙舟水上低强度有氧训练课一般持续40分钟以上,陆上的有氧耐力训练一般持续30分钟以上。强度较高则训练持续时间较短。例如龙舟水上高强度间歇训练一般控制在20分钟左右,陆上的高强度间歇训练一般也在20分钟左右。

二、耐力训练方法

（一）有氧耐力训练方法

常见的有氧耐力训练包括持续训练、乳酸强度训练、间歇训练等。

持续训练指低强度、长时间不间断的训练方法,主要目标是提高心肺功能和发展基础有氧代谢能力。这种方法通常用在训练阶段早期和高强度比赛之后的恢复阶段。通常持续时间在10分钟以上。龙舟水上低强度有氧耐力训练通常以低桨频(每分钟50～60桨)的长距离划为主,持续40分钟左右。陆上低强度有氧训练以长距离的跑步为主,一般5～8公里甚至更长,控制在每公里5分钟左右的配速或强度60%～70%。也会采用龙舟专用测功仪进行专项耐力训练,通常设定好某一强度5～10分钟1组,持续30～

40分钟。

乳酸强度训练指将训练强度控制在乳酸阈值或乳酸阈值稍高强度的训练。这种训练首先要获得运动员的乳酸阈值,然后得到相对应的心率,将其作为监控手段来使运动强度始终保持在乳酸阈值时的心率。显然,这种方法对于普通大学生龙舟运动员来讲是不太现实的,反而更适用于人数较少的、监控设备齐全的龙舟高水平运动员。

间歇训练指在两次练习之间穿插一定的间歇时间,并在间歇期间进行积极恢复的练习,可以分为有氧间歇训练和无氧间歇训练。有氧间歇训练强调氧化系统供能,训练强度保持或稍高于乳酸阈值,因此有氧间歇训练也可以称为低强度间歇训练。龙舟的水上低强度间歇训练多见中桨频的节奏划,并穿插一定间歇时间的练习,比如70~80桨频,每组5~10分钟,持续做5~8组,每组间歇时间/训练持续时间为1∶1或1∶2的训练。陆上训练类似于水上,训练强度在70%~80%,每组持续4~5分钟跑步或者完成一定的距离,共完成多组数的跑步练习。

（二）无氧耐力训练方法

间歇训练的另一种形式是基于无氧供能系统的无氧间歇训练,也被称作高强度间歇训练。通常这种训练会选择90%以上的强度,但持续时间较短,间歇时间稍长,针对磷酸原系统的间歇时间/运动时间为1∶12~1∶20,针对酵解能系统的间歇时间/运动时间为1∶3~1∶4。这种训练由于强度较大,通常安排的组数较少,一般控制在30分钟以内,其优点如下。

第一,高强度间歇训练的高强度运动能提高乳酸阈值和血乳酸堆积点,对依赖低强度运动的有氧耐力具有积极影响。

第二,高强度间歇训练可以提高动作经济性、最大摄氧量和乳酸缓冲能力。

第三,高强度间歇训练不会阻碍力量、爆发力和速度的发展。

第四,省时、高效。

由于普通大学龙舟运动员的训练时间有限,针对这些群体的有氧耐力和无氧耐力多采用更加高效的高强度间歇训练。

在赛前阶段,龙舟的水上训练会进行大量的专项性的高强度间歇训练,水上训练如短距离的高桨频冲刺训练(120桨或稍高)、中距离的高桨频冲刺训练(100~110桨)、长距离的持续变速训练(高桨频120或以上+低桨频60)最为常见,这些训练的间歇时间/训练时间控制在1∶3左右,通常整个间歇性训练控制在30~40分钟。陆上的间歇训练以高强度间歇跑为主,如30~40秒的全力冲刺跑,200~800米快速跑,40秒重复冲刺跑等。由于这种训练的强度大,所以每周1~3次。

此外,陆上的高强度间歇训练还可以将多种抗阻训练综合起来进行。这种练习在提高运动员有氧和无氧耐力的同时,能够发展运动员的力量和耐力。常见的就是循环练习。循环练习可以以不同的间歇形式实施。通常会按照上、下肢交替,或上肢、核心和下肢交替进行,当然如果训练目标是加强运动员的专项能力,则可只选择专项动作进行训练。

以时间为准的单个动作间歇练习:设置多个动作,依次快速完成每个动作,动作持续30~40秒,间歇时间/训练时间为1∶3~1∶4。

以时间为准的间歇性循环练习。设置多个动作练习点,且这些动作按照上身、躯干和下身交替设置,动作数量根据人数和训练器械而定,一般6~10个动作为一个循环,快

速完成动作,动作持续30～40秒,间歇时间/训练时间为1∶3～1∶4,通常完成3个或以上循环。

以次数为准的无间歇循环练习。这种训练要求运动员不间断地完成规定数量的所有动作,不设置间歇时间。设置多个动作练习点,且这些动作按照上身、躯干和下身交替设置,由于没有间歇时间或者间歇时间非常短,所以动作数量较少,动作次数可以根据训练目标而定,通常优先激活磷酸原系统或酵解能系统所设定的数量较少,氧化能系统所设定的数量较多,一般以3～4个动作为一个训练单元,完成3～4个训练单元为1组,通常做2～3组。要求快速完成动作。

EMOM(every minute on the minute),指在1分钟以内完成规定动作的次数,其余时间用于休息的练习方式。这种训练其实是高强度间歇的一种方式,要求每个动作数量要在1分钟内完成。每个动作所规定的数量直接影响动作完成后剩余时间内的间歇长短,数量多、用时多,则间歇时间短、休息时间短。这也逼迫运动员用最快的速度完成规定的次数。

不同形式的无氧耐力训练举例如表4-3所示。

表4-3 不同形式的无氧耐力训练举例

顺序	动作	EMOM（次）	以时间为准依次完成	以时间为准循环完成	以几个动作为单元连续完成		
1	卧拉(40kg)	45	每个动作30～40秒,每个动作结束后进行下一个动作,每个动作做3～4组	每个动作30～40秒依次完成,所有动作为1组,完成3～4组	30	单元1	每个单元动作无间歇,单元间歇时间以心率在120次/分钟开始下组为准
2	双杠卷腹	25			20		
3	卧推(40kg)	15			30		
4	俄罗斯转体(15kg)	30			20	单元2	
5	波比跳	25			15		
6	哑铃肩上举(10kg)	40			25		
7	俯卧挺身	45			30		

所有的训练应依据运动员的人数和可用器材数量来设计,可以根据公式:动作数量×每个动作人数=总人数,通常人数越多,练习动作越多。例如有30个队员一起训练,如果采用10个动作,那么每个练习就有3个运动员,每个练习就需要有3套训练器材来保证,所以这种训练必须要考虑可用的器材数量。如果器材不足,可以根据公式:动作数量×n(每个动作每次练习人数)=总人数,n指分成小组的个数,一般n≤3。例如,有30个队员一起训练,卧拉架和卧推架各只有3套,杠铃片和哑铃也各有3套,这时可以设计5个动作,如卧推、下肢、卧拉、核心和肩上推,那么每个动作就会有6个运动员,此时再将这6名运动员分成2个小组。整个计划按时间为准依次完成的话,2个小组中的其中1组先完成动作,之后另外1组再完成,然后6个运动员再进行下个动作,依次完成所有动作为1个循环,这样间歇时间能够整体控制在1∶3左右。当然由于器材不充足,这种方式就不能使用于强度更高的EMOM模式。

此外,抗阻类的间歇训练应该根据普通大学生的力量水平来确定重量,同时还要考虑完成动作次数或时间时的动作速度。对于普通大学生龙舟运动员而言,力量水平参差不齐,甚至有时候男女队员混在一起进行循环练习。所以在分组的时候,应该以动作转换时最少次数的调整器材配重为准,这样在动作转换时能够节约更多的时间让运动员休息。例如,有30个队员(男20人,女10人)一起训练,器械不充足,选用6个动作,每个动作5个人同时练习,这时如果单独地将女队员分为2组的话,势必在动作轮转时花费大量时间进行配重调整。合适的方法是每组3个男队员和2个女队员,这样在练习之前就用2套器械配备女队员的重量,另外3套器械用于男队员,虽然在动作轮转的时候会出现调整配重的情况,但相比第一种方法,可大大降低调整配重的时间。

第五章
热身与放松

第一节 热　身

热身是进行任何运动训练和比赛的重要环节。其目的就是要在较短的时间内提高运动员机体温度，为运动员接下来训练和比赛做充分准备，并降低损伤风险。

普遍来讲，热身包括一般热身和技术热身，前者包括低强度的有氧活动和动态牵拉，这里的低强度有氧活动一般控制在3～10分钟，其目的是使心率缓慢增加，身体核心温度逐步上升，通常采用较低强度的慢跑、跳绳、单车等活动形式。后者指的是运动技术上的热身。热身看似简单的活动却是运动领域研究的重点之一，近年来，人们对热身方式进行了大量的研究，更新了我们对传统意义上热身的认识，使热身变得多元化。从最早的简单慢跑，到弹动式拉伸，再到有氧活动和拉伸的组合，再到动态拉伸和静态拉伸，再到特定的热身流程，人们越来越认识到热身对提高运动表现和降低运动损伤风险的独特作用。比如将静态拉伸加入到热身中，然后在静态拉伸结束后再进行动态热身以消除静态拉伸对爆发力、速度等素质带来的消极影响。再比如，将泡沫轴加入到热身中，先进行泡沫轴滚动，再进行动态拉伸等。本教材只讲解一般热身中的动态热身，至于将什么样的元素融入到热身中并没有统一的规定，原则上是动态拉伸结束后应较快地进入技术热身。

一、关节灵活性练习

关节的灵活性一方面影响动作幅度，另一方面影响身体的功能活动。人体的各个关节面的差异，使各个关节的活动范围有所不同。整体上，人体的关节遵循"joint by joint"原则，即需要灵活性和稳定性的关节呈相互交替。一般而言，由下至上，踝关节需要灵活性，膝关节需要稳定性，髋关节需要灵活性，腰椎需要稳定性，胸椎需要灵活性，胸廓肩胛关节需要稳定性。就龙舟运动员而言，划龙舟时，髋关节屈伸、胸椎的转动需要较大的动作幅度，腰椎需要良好的稳定性，因此需要针对髋关节和胸椎的灵活性进行相应的练习。以下动作根据练习者自身情况设定组数和次数，一般每个动作完成10～15次，做2～3组。

（一）髋关节灵活性练习

1. 前弓步

站姿，双手掐腰或自然下垂，保持收腹挺胸。抬右腿，尽量使右膝抬至最高，右脚尖向上勾起，左腿直立保持平衡。而后右脚向前迈出，落地成右弓步，双脚前后距离以左腿大腿能垂直于地面为准，右膝保持在右脚尖上方，身体重心在两腿间。然后右腿蹬地还原成双腿站姿状态。两腿交替进行(见图5-1)。

前弓步

图 5-1　前弓步

2. 侧弓步平移

站姿,两腿站距宽于肩宽,双手前平举,保持收腹挺胸。先下蹲,使身体重心置于右腿,且膝盖保持在脚尖正上方,左腿伸直。之后右腿蹬地使身体重心水平移至左腿,此时右腿伸直。两腿交替进行(见图5-2)。

侧弓步平移

图 5-2　侧弓步平移

3. 站姿转髋

站姿,双手掐腰,保持收腹挺胸。向后抬左腿,保持身体稳定的同时,通过转左髋,使左腿由后向前转动,使左髋经历后伸、外展、前屈、还原系列动作,且尽量保持身体平衡,两腿交替进行(见图5-3)。

站姿转髋

图 5-3　站姿转髋

4. 跪姿转髋

跪姿，双臂伸直双手撑地，保持收腹挺胸。屈右腿并向后抬起，而后在稳定下背的同时，通过转右髋，使右腿由后向前转动，经历后伸、外展、前屈、还原系列动作。两腿交替进行（见图5-4）。

跪姿转髋

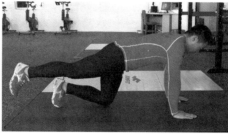
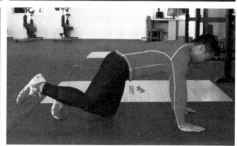

图 5-4 跪姿转髋

5. 马步单腿膝内旋

站姿，呈马步姿势，保持收腹挺胸。以右脚尖为支点，做右髋的内旋，使右膝内旋且能触及地面，而后还原成马步，两腿交替进行（见图5-5）。

马步单腿
膝内旋

图 5-5 马步单腿膝内旋

6. 坐姿 90°到 90°

坐姿，双手撑于身后。右腿屈曲 90°，整个右腿外侧贴地，左腿屈膝 90°，左膝和小腿内侧贴地。然后，右髋内旋，使右膝和小腿内侧触地，同时左髋外旋使左腿外侧贴于地面。全程保持收腹挺胸。两腿交替进行（见图5-6）。

图 5-6　坐姿 90°到 90°

7. 坐姿 90°前抬腿

坐姿,双手撑于身后。右腿屈曲 90°,整个右腿外侧贴地,左腿屈膝 90°,左膝和小腿内侧贴地。然后,左腿向后伸直并抬起,转动左髋,使左腿由后向前摆动,以此往复(见图 5-7)。

图 5-7　坐姿 90°前抬腿

(二)胸椎灵活性练习

1. 泡沫轴卷屈

仰卧,使胸椎置于泡沫轴上,双手交叉于胸前,头部处于正立位。在泡沫轴上做卷屈动作,使胸椎前后活动,以此往复(见图 5-8)。

图 5-8　泡沫轴卷屈

2. 泡沫轴滚动

仰卧,使胸椎置于泡沫轴上,双手交叉于胸前,头部处于正立位,在泡沫轴上滚动胸椎,以此往复(见图 5-9)。

3. 站姿胸椎屈伸

站姿,双臂前平举,十指相扣且掌心朝向面部,而后双臂前伸,胸椎尽最大幅度前屈,同时低头,保持呼气。达到最大前屈幅度后,双臂水平向外张开,同时胸椎做最大后伸,头部抬起向外呼气。以此往复(见图 5-10)。

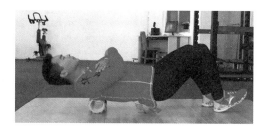

图 5-9　泡沫轴滚动

泡沫轴滚动

图 5-10　站姿胸椎屈伸

站姿胸椎
屈伸

4. 猫式

跪姿,双臂伸直,双手撑地且置于肩下,而后胸椎尽最大幅度前屈,同时低头,保持呼气,类似于"猫拱背",然后下压胸椎,使胸椎最大后伸,同时抬头呼气。以此往复(见图 5-11)。

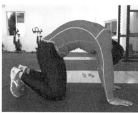

图 5-11　猫式

猫式

5. 跪姿胸椎转(1)

跪姿,腿部靠在双脚后跟上,左臂弯曲,左手撑地,右手置于耳后,右肘关节朝下。然后,朝右后上方转右肘直至最大幅度,且头部跟随右肘同时转动。整个过程保持腰椎稳定且收腹挺胸,臀部始终靠于双脚跟。以此往复(见图 5-12)。

6. 跪姿胸椎转(2)

跪姿,腿部靠在双脚后跟上,左臂弯曲,左手撑地,右臂伸直从左臂下方伸出,带动右肩旋转,直至右肩能够贴地。之后,头向左上方转动直至能够看到天花板。整个过程保持腰椎稳定。以此往复(见图 5-13)。

跪姿胸椎转
(1)

图 5-12　跪姿胸椎转(1)

跪姿胸椎转
(2)

图 5-13　跪姿胸椎转(2)

二、动态拉伸

动态拉伸是一种有针对性的功能性拉伸练习。这种拉伸方式注重多关节、多肌肉群、多运动平面的动作模式。动态拉伸在进行运动前使用类似于本项目的一般和特殊动作，使身体能更快地适应之后的活动。动态拉伸在动作形式上类似于弹动拉伸，但是在动作速度上较为缓慢且有更多的控制，因此能有效地避免弹动拉伸容易造成拉伤软组织的劣势，同时也使肢体达到较大的动作幅度。相比较于静态拉伸，虽然动态拉伸对机体软组织产生的伸展效果不及静态拉伸，但能快速、全面提高身体核心温度，且不会对之后的运动表现，尤其是爆发力、速度、灵敏性等需要神经极具兴奋的身体素质产生负面影响。

动态拉伸的量度可以通过完成动作的次数来确定，一般将单一拉伸动作的次数控制在 10～20 次。也可以通过行进距离来确定，一般将行进距离控制在 20 米以内。动作数量根据自身需求确定，通常选用针对各部位的 5～6 个动作进行，每个动作做 1～2 组。龙舟运动员的动态拉伸在保证整个身体的拉伸外，更侧重于上身的拉伸，因此侧重上身的拉伸动作可以增加数量或组数。

（一）抱膝至胸前

针对大腿后侧肌群、臀肌。

【动作要领】

双脚站立，其中一条腿向上提膝，同时双手置于该腿膝下用力向上提拉至最大动作幅度，支撑腿同时向上提起脚跟，要保持身体平衡和收腹挺胸，双眼平视前方，要求动作全程有控制，两侧交替进行。可以行进间进行，也可以原地交替进行，一般每侧重复 8～

10次(见图5-14)。

抱膝至胸前

图 5-14　抱膝至胸前

(二) 抱膝小腿提拉

针对臀部肌群。

【动作要领】

双脚站立,其中一腿屈膝内旋,一只手拉住该腿膝关节,另一只手拉住其小腿用力向上,提拉至最大动作幅度,支撑腿同时向上提起脚跟。要保持身体平衡和收腹挺胸,双眼平视前方,要求动作全程有控制,两侧交替进行。可以行进间交替进行,也可以原地交替进行,一般每侧重复8～10次(见图5-15)。

抱膝小腿提拉

图 5-15　抱膝小腿提拉

(三) 后拉脚踝直臂上举

针对大腿前侧肌群和肩部肌群。

【动作要领】

双脚站立,其中一只手向后拉同侧脚踝并向臀部折叠,直到大腿前侧拉伸至最大幅度,同时另一只手臂伸直向上抬起,且支撑腿同时向上提起脚跟。要保持身体平衡和收腹挺胸，双眼平视前方，要求动作全程有控制，两侧交替进行。可以行进间交替进行，也可以原地交替进行，一般每侧重复8~10次（见图5-16）。

后拉脚踝
直臂上举

图5-16　后拉脚踝直臂上举

（四）直腿向前屈髋双手至脚踝

针对大腿后侧肌群和肩部肌群、躯干核心激活。

【动作要领】

双脚站立，向前迈出一条腿且稍屈膝。脚尖向上勾起，另一侧腿保持微屈。同时双手手指相互交叉，伸直双臂向前脚方向弯腰至能够用手触脚尖，直到大腿后侧有拉伸感。而后还原至站立位，用相同的方式拉伸另一条腿。要求动作全程有控制，保持身体平衡，可以行进间交替进行，也可以原地交替进行，一般每侧重复8~10次（见图5-17）。

直腿向前
屈髋双手
至脚踝

图5-17　直腿向前屈髋双手至脚踝

（五）勾脚尖直腿上抬

针对大腿后侧肌群。

【动作要领】

双脚站立，双臂伸直水平前举，一条腿直腿缓慢抬起，且保持脚尖勾起直至能够触及同侧手指,然后缓慢还原,另一条腿按同样的方式完成动作。要求动作全程有控制,单腿支撑时要保持身体平衡和收腹挺胸,双眼平视前方,可以在行进间交替进行,也可以原地交替进行,一般每侧重复8~10次(见图5-18)。

勾脚尖
直腿上抬

图5-18 勾脚尖直腿上抬

（六）单腿屈髋平衡

针对大腿后侧肌群的拉伸和激活臀中肌、躯干核心。

【动作要领】

双脚站立,双臂直臂上举且掌心朝前方,之后双臂随上身前倾,同时一条腿随身体向后抬起,直至手臂、身体和后腿保持在同一平面且平行于地面,保持1~2秒。支撑腿稍屈,使身体重心在动作过程中保持在支撑脚中间且靠近脚跟的位置。要求动作全程有控制,单腿支撑时要保持身体平衡和收腹挺胸,尤其是下背部脊柱自然生理弯曲,双眼平视前方,可以在行进间交替进行,也可以原地交替进行,一般每侧重复8~10次(见图5-19)。

单腿屈髋
平衡

图5-19 单腿屈髋平衡

（七）双腿下蹲重心左右平移

针对大腿前侧、内侧、外侧肌群、躯干核心激活。

【动作要领】

双脚平行站立,间距宽于肩宽,脚尖指向前方,膝盖指向脚尖,双臂前平举,之后屈膝下蹲直至大腿与地面平行,身体重心位于脚跟,且在两腿中间,然后身体重心稳向一条腿,另一条腿伸直,直至身体重心完全移至另一条腿。保持1~2秒后,以同样方式将身体重心平移至另一侧,原地交替进行,要求身体重心左右平移时,保持上身正直且没有上下起伏,身体前后重心始终位于脚跟。原地进行,一般每侧重复8~10次(见图5-20)。

双腿下蹲重心左右平移

图 5-20 双腿下蹲重心左右平移

(八)双腿下蹲慢速侧滑步

针对大腿前侧、内侧、外侧肌群、躯干核心激活。

【动作要领】

双脚平行站立,间距宽于肩宽,脚尖外旋30°,膝盖指向脚尖,双臂前平举,之后屈膝下蹲直至大腿与地面平行,身体重心位于脚跟且在两腿中间,然后由一侧腿伸直将身体重心平移至另一条腿,之后将伸直腿并向另一条支撑腿靠拢,待两腿并拢后,将身体重心保留在并拢腿上,同时将另一条腿向体侧迈出,随后按上述方式将重心平移至外侧腿。要求身体重心向一侧平移时,保持上身正直,且没有上下起伏,身体前后重心始终位于脚跟。一侧完毕后按同样方式进行另一侧练习。可以在行进间进行,也可以原地交替进行,一般一侧重复8~10次(见图5-21)。

双腿下蹲慢速侧滑步

图 5-21 双腿下蹲慢速侧滑步

(九) 双手抓脚尖屈伸腿

针对腘绳肌、腹股沟、踝关节及下背部拉伸。

【动作要领】

双腿跨立宽于肩宽，双脚外旋30°，双臂位于双腿之间，双手抓住脚尖，收腹挺胸，收紧下颌。然后，在双手抓住脚尖的前提下，伸膝，抬髋，直至双腿伸直，且保持收腹挺胸。原地进行，一般一侧重复8～10次（见图5-22）。

双手抓脚尖屈伸腿

图5-22　双手抓脚尖屈伸腿

(十) 虫爬

针对上肩、大腿后侧肌群、小腿后侧肌群、躯干核心激活。

【动作要领】

站立，双手向前撑地，双腿保持伸直，然后向前缓慢交替移动双手直至整个身体平行于地面，随后稳定住双手且保持直臂、双腿伸直的前提下，由双脚交替向双手移动，直至能够触及双手，之后双脚稳住再按上述方式移动双手，往复进行。要求动作过程中双臂和双腿保持伸直，双脚在移动时以前掌着地，后跟提起，身体平行于地面时保持收腹挺胸并顶起双肩。行进间进行，一般重复8～10次（见图5-23）。

虫爬

图5-23　虫爬

（十一）蜘蛛人

针对上肩、髋关节、腹股沟、躯干核心激活。

【动作要领】

以俯卧撑姿势撑地，保持收腹挺胸，由一只脚向同侧手迈出并踩至该手稍靠前的位置，之后用该侧手触前脚的内侧，然后双手交替撑地向前爬直至前腿伸直，后腿在此过程中保持伸直并随身体前移，直至整个身体再次以俯卧撑姿势撑地，然后以同样方式完成另一侧动作，往复交替。要求整个动作过程中收腹挺胸，身体贴于地面，向前伸腿幅度要超过同侧支撑手。行进间进行，一般每侧重复8~10次（见图5-24）。

蜘蛛人

图 5-24　蜘蛛人

（十二）直臂旋肩

针对上肩、大腿前侧肌群、内侧肌群。

【动作要领】

双腿跨立，稍宽于肩宽，双膝屈150°，直臂状态下双手撑在膝盖上方，保持收腹挺胸。然后，一侧手臂屈肘，另一侧手臂保持伸直使其肩部向前内旋，同时头部和上身向屈肘手臂一侧旋转，直到伸直手臂的肩背部有拉伸的感觉，然后以同样的方式完成另一侧动作，往复交替。要求始终保持收腹挺胸，有控制地转肩，且双手始终放在膝盖上方，一般每侧重复8~10次（见图5-25）。

直臂旋肩

图 5-25　直臂旋肩

（十三）绕肩

针对上肩。

【动作要领】

双腿跨立，与肩同宽，双臂伸直自然下垂且掌心朝向大腿外侧。然后，双臂在伸直状态下缓慢上抬至头顶,而后绕过肩部由后下放至大腿外侧。之后按同样方式由后向上再向前绕肩。要求整个动作缓慢有控制,且在绕肩时要始终伸向远方,不能曲臂,一般每个方向重复8～10次(见图5-26)。

绕肩

图 5-26　绕肩

(十四)前弓步侧倾

针对肩部,激活大腿肌群。

【动作要领】

站立,与肩同宽,收腹挺胸,双眼平视前方,双臂自然下垂。向前跨步并屈膝90°形成前弓步,后腿跟随屈膝90°,同时前弓步腿的对侧手臂上举过头顶,另侧手臂伸向对侧髋,且整个上身向前弓步腿的外侧侧倾直到上臂侧及身体一侧的肌群有拉伸的感觉,保持1～2秒后摆正上身,同时前弓步腿蹬地站起,后腿转换成前弓步并重复上述动作,往复交替。要求保持上身正直,不得前倾或后仰,且保持身体平衡,此动作通常在行进中完成,一般一侧重复8～10次(见图5-27)。

前弓步侧倾

图 5-27　前弓步侧倾

(十五)摆肩

针对背阔肌、大圆肌、三角肌前束和胸大肌。

【动作要领】

直立,双臂直臂前平举。向前迈步时,双手臂向迈步腿方向水平摆动直至最大幅度,另一条腿向前迈步时,双臂以同样的方式向该腿方向摆动至最大幅度,如此往复,一般重复8~10次(见图5-28)。

摆肩

图5-28　摆肩

（十六）前弓步后转体

针对大腿前侧肌群、臀中肌、三角肌前束和胸大肌。

【动作要领】

双腿跨立,与肩同宽,收腹挺胸,双眼平视前方,双臂自然下垂。向前跨步并屈膝90°形成前弓步,后腿跟随屈膝90°。同时前弓步腿的对侧手放在前弓步腿的膝盖外侧,另一只手臂先平举后,再从前弓步腿的外侧向后旋,带动上身及头部向后转直至达到最大幅度,保持1~2秒后,摆正上身和头部,同时前弓步腿蹬地站起,后腿转换成前弓步并重复上述动作,往复交替。要求保持上身正直,不得前倾或后仰,且保持身体平衡,此动作通常在行进中完成,一般一侧重复8~10次(见图5-29)。

前弓步后转体

图5-29　前弓步后转体

（十七）最伟大拉伸

针对上肩、髋关节、腹股沟、小腿后侧肌群、躯干核心激活。

【动作要领】

站姿保持收腹挺胸,由一只脚向同侧手迈出并踩至该手稍靠前的位置,用该侧肘关节向下触前脚的内侧,然后由该手臂伸直同身体向同侧腿旋转,另一只手撑地保持身体稳定,双手撑在该腿同侧地面,之后将前腿尽量伸直,保持1~2秒后,站起,并以同样的方式完成另一侧,依此往复。一般每侧重复8~10次(见图5-30)。

最伟大拉伸

图5-30 最伟大拉伸

三、肩带肌群激活方法

人体的肩带肌群分布在肩胛骨的前后面以及外侧,包括三角肌、冈上肌、冈下肌、大圆肌、小圆肌、肩胛下肌,其中冈上肌、冈下肌、小圆肌、肩胛下肌均从肩关节上、后、前方跨过肩关节,且和肩关节囊紧贴,它们的肌腱共同形成肩袖,来稳定和保护肩关节。龙舟运动员常见的运动损伤部位之一就是肩关节。因此,在热身过程中对肩带肌群,尤其是肩袖肌群中的肩外旋肌的激活至关重要,这对降低正式活动时肩部损伤风险十分有益。下文中的针对肩带肌群的训练方法既可以在热身中作为激活方法使用,又可以作为加强肩带肌群力量和康复力量练习方法。

(一)静态支撑

静态支撑可分为稳态支撑和非稳态支撑。双臂在静态支撑中,上臂部位的三角肌、肩胛下肌及肩关节的本体感受会得到较快激活,尤其在非稳态支撑中。

1. 直臂或曲臂平板撑

直臂或曲臂平板撑见第三章俯卧撑及其变式。

2. 直臂或屈肘健身球平板撑

这一动作是在直臂或曲臂平板撑动作的基础上将手臂或脚放在健身球上来增加支撑过程中的不稳定性,使得三角肌、肩胛下肌及肩关节的本体感受快速被激活。将手臂置于健身球上的动作,在平板撑的基础上,屈肘或直臂将双肘或双手撑在健身球上,其他动作仍根据平板撑动作要求进行。要求双肘或双手与肩同宽且于肩部正下方,保持收腹挺胸,一般保持30~60秒(见图5-31)。将双脚置于健身球上的动作,在平板撑的基础上,将双腿并拢,双脚尖撑于健身球上,双臂屈肘或伸直将双肘或双手撑于平地,其他动作仍根据平板撑要求进行。保持收腹挺胸,用躯干控制身体平衡,一般保持30~60秒。

图5-31 直臂或屈肘健身球平板撑

(二)动态方法

常见的有T字练习、Y字练习、W字练习、L字练习、绕肩练习、抬肘练习等,这些动作可以选择站姿,也可以选择俯卧姿。一般在热身中多选择站姿,在力量练习中多选择俯卧姿。站姿要求练习者双腿跨立与肩同宽,双臂自然下放垂直于地面,双腿稍微弯曲并向前屈髋,使之与地面平行,保持收腹挺胸;卧姿要求练习者面朝下趴在垫子上,下巴贴于地面,双腿伸直,双手置于身体两侧。

1. T字练习

【动作要领】

双手握拳,大拇指朝上,双臂伸直,整条手臂跟随拇指外旋30°,先将两肩胛收缩,之后由上背部肌群发力,将双臂抬至与后背齐平的位置,形成类似字母"T"的动作姿态,保持1~2秒后,先将双臂放回至初始位置,然后两肩胛骨前伸,依此往复(见图5-32)。

T字练习

图5-32 T字练习

2. Y字练习

【动作要领】

总体同上,只是双臂向前45°方向抬起,在达到动作最顶端形成类似于字母"Y"的动作姿态(见图5-33)。

Y字练习

图5-33 Y字练习

3. L字练习

【动作要领】

双手五指并拢,屈肘90°,前臂朝下,先两肩胛骨后缩,然后外旋肩关节且保持双肘屈曲90°,直至外旋最大幅度,而后动作还原(见图5-34)。

L字练习

图 5-34 L字练习

4. W字练习

【动作要领】

双手握拳,拇指朝上且外旋30°,肘关节紧贴身体两侧,肘关节屈曲45°,肩部放松,由肩外旋肌发力,带动小臂作肩外旋,直至最大幅度,之后还原至初始动作(见图5-35)。

W字练习

图 5-35 W字练习

5. 绕肩

【动作要领】

双肩伸直贴于身体两侧,手指自然并拢,然后双臂向两侧外展且向头部两侧合拢,直至两拇指能够靠拢,之后按原路返回,绕过身体两侧向后背,直至两拇指能够靠拢,依此往复。注意在整个动作过程中,要始终保持两臂伸直(见图5-36)。

绕肩

图 5-36 绕肩

6. 抬肘

【动作要领】

两手贴于胸后,双肘关节自然下垂。然后将双肘尖向上抬,直至达到最大幅度,之后动作还原(见图 5-37)。

抬肘

图 5-37 抬肘

上述所有动作,既可以站姿完成,又可以俯卧完成。需要注意的是在站姿动作中,应保持正确的站姿;更关键的是在整个过程中,应将注意力置于整个肩部肌群,以保证其得到充分的收缩与舒张。一般情况下,若上述动作在热身中作为激活肩部肌群的动作时,每组重复 15~20 次,做 1~2 组;若作为练习肩袖肌群的专门性动作时,组数可以增加。

(三)弹力带动作

肩部肌群和其他肌群的激活,除了徒手方法外,用得最多的就是弹力带。通过低组数、少次数的阻力练习,唤醒易伤部位。弹力带的阻力不同,通常颜色越深,阻力越大,一般在热身中用于肌肉激活的弹力带磅数较小,通常在 15 磅以内。所有的弹力带肌肉激活动作都可以作为力量训练的辅助动作,但需要 15 磅以上的弹力带。使用弹力带作为力量辅助训练时,多以肌肉耐力为训练目标,通常重复 15 次以上,中高组数 4 组以上。当弹力带力量练习用于康复时,则需要根据受伤部位康复的程度来选用弹力带磅数,一般在康复早期选用较低磅数,随着受伤部位的康复则逐渐增加弹力带磅数,训练目标也是以力量和耐力为主。

1. 屈肘外旋

针对肩外旋肌群。

【动作要领】

将弹力带置于身体一侧,固定在与肘关节同样高度,调整好阻力,外侧手抓握弹力带另一端,手腕正直,屈肘 90°且肘关节内侧紧贴体侧或稳定在体侧外 5 厘米处。由肩外旋肌发力,使前臂外旋拉动弹力带,直至最大幅度,保持 1~2 秒后有控制地放回。要求在外旋过程中肘关节稳定于体侧,手腕保持正直,小臂不参与发力,一般一侧重复 15~20 次(见图 5-38)。

屈肘外旋

图 5-38 屈肘外旋

2. 45°屈肘外旋

针对肩外旋肌群。

【动作要领】

将弹力带置于身体一侧,固定在低于肩部高度的物件上。调整好阻力,外侧肘关节屈90°,上臂前平举且肩水平外展45°,之后手抓握弹力带一端,且掌心朝下,手腕保持伸直。稳定肘关节,以其为支点作肩外旋,直至最大幅度,保持1~2秒后有控制地放回。要求肩外旋时,肘关节保持稳定,手腕小臂不参与发力,一般一侧重复15~20次(见图5-39)。

45°屈肘外旋

图 5-39　45°屈肘外旋

3. 直臂前平举外展

针对肩外旋肌群、菱形肌、斜方肌中束。

【动作要领】

站立,双臂水平前举于双肩高度,双手抓握弹力带一端且掌心相对,并调整好弹力带强度,保持收腹挺胸,由上背部发力,使双臂同时水平外展,直至双臂外展角度均大于90°,保持1~2秒后,有控制地还原。要求在整个动作过程中,双臂保持伸直,颈部肌群放松,并收腹挺胸,一般重复15~20次(见图5-40)。

直臂前平举外展

图 5-40　直臂前平举外展

4. 屈肘内旋

针对肩内旋肌群。

【动作要领】

将弹力带置于身体一侧,固定在与肘关节同高的物件上。调整好阻力,内侧手抓握弹力带另一端,手腕正直,屈肘90°且肘关节内侧紧贴于身体侧或稳定在体侧外5厘米处。由肩内旋肌发力使前臂水平内旋拉动弹力带至最大幅度,保持1~2秒后有控制地放回。要求在内旋过程中,肘关节稳定于体侧,手腕保持正直,小臂不参与发力,一般一侧重复15~20次(见图5-41)。

屈肘内旋

图 5-41 屈肘内旋

5. 45°屈肘内旋

针对肩内旋肌群。

【动作要领】

将弹力带置于身体一侧,固定在肩部稍低高度的物件上,调整好阻力,内侧肘关节屈90°,上臂前平举且水平外展45°,之后手抓握弹力带一端,掌背朝向弹力带方向。稳定肘关节,以其为支点做肩内旋,直至最大幅度,保持1~2秒后有控制地放回。要求肩内旋时,肘关节保持稳定,小臂不参与发力,一般一侧重复15~20次(见图5-42)。

45°屈肘内旋

图 5-42 45°屈肘内旋

6. 屈肘水平外展

针对菱形肌、斜方肌中束、三角肌后束。

【动作要领】

将弹力带固定于身体正前方同肩部高度的物件上,双手抓握弹力带掌心相对,将弹力带调整好强度,双肘屈 90°向前水平举,双臂在拉力下向中间靠拢,保持收腹挺胸。由上背部肌群发力,使双臂同时水平外展,直至最大幅度,保持 1～2 秒后有控制地还原。要求在动作过程中,颈部肌群放松,保持收腹挺胸,一般重复 15～20 次(见图 5-43)。

屈肘水平外展

图 5-43　屈肘水平外展

7. 夹胸

针对胸大肌、三角肌前束、三角肌中束。

【动作要领】

将弹力带固定在身体正后方同肩部高度的物件上,双手抓握弹力带,掌心朝前,将弹力带调整好阻力,使双臂水平外展至最大幅度,保持收腹挺胸,由胸部肌群发力,使双臂同时向身体中线水平内收,直至靠拢。要求在动作过程中,颈部肌群放松,保持收腹挺胸,一般重复 15～20 次(见图 5-44)。

夹胸

图 5-44　夹胸

8. 前推

针对胸大肌、三角肌前束、三角肌中束。

【动作要领】

将弹力带固定在身体正后方同肩部高度的物件上,双手抓握弹力带,掌心朝下,调整好弹力带阻力,双肘屈 90°且向前平举,保持收腹挺胸,由胸部肌群和上臂肌群发力,同时向前推使双臂水平伸直,保持 1～2 秒后,有控制地放回。在动作过程中,要求前推方向是水平向前且偏向中间,颈部肌群放松,保持收腹挺胸,一般重复 15～20 次(见图 5-45)。

前推

图 5-45　前推

9. 双臂绕肩

针对菱形肌、斜方肌中束、三角肌后束。

【动作要领】

双手抓握弹力带两端,使弹力带有一定阻力,双臂直臂从体前绕过头顶,直至双臂绕到身体后侧,然后保持双臂伸直由体后向上绕过头顶,直至双臂绕到身体前侧,以此往复。要求在整个过程中双臂伸直并拉直弹力带,动作缓慢有控制,保持收腹挺胸,不得耸肩,一般前后各重复 8～10 次(见图 5-46)。

双臂绕肩

图 5-46　双臂绕肩

10. 单臂绕肩

针对菱形肌、斜方肌中束、三角肌后束。

【动作要领】

双手抓握弹力带两端,双臂置于身体两侧,使弹力带有一定阻力,一侧手臂固定,另一侧手臂向上绕头顶到身体后侧,而后再绕回,之后固定绕回的手臂,按同样的方式绕另一侧手臂。要求在整个过程中,双臂伸直并拉直弹力带,动作缓慢有控制,保持收腹挺胸,不得耸肩,一般前后各重复 8～10 次(见图 5-47)。

单臂绕肩

图 5-47　单臂绕肩

11. 直臂上举

针对三角肌中束、三角肌前束、斜方肌上束。

【动作要领】

两脚前后站立,将弹力带中间踩在后脚下,双手抓握弹力带置于身体两侧。由肩部肌群发力,双臂伸直将弹力带向上拉起,直至双臂上举到头部两侧,保持 1～2 秒后,有控制地缓慢下放到起始位置。要求双腿保持稳定,全程保持收腹挺胸,动作放回时要有控制,一般重复 8～10 次(见图 5-48)。

直臂上举

图 5-48　直臂上举

12. X 直臂下拉

针对上背部肌群。

【动作要领】

站姿或跪姿,将弹力带挂在稍高于头部的两个固定点,面对弹力带,使弹力带交叉成 X 形状,双手分别抓握弹力带一端且掌心朝上,身体后侧使弹力带绷紧,保持收腹挺胸。由上背部和肱三头肌发力,直臂沿 X 形状向下拉弹力带至双臂到身体稍后的位置,保持 1～2 秒后,还原至初始位置,一般重复 8～10 次(见图 5-49)。

X 直臂下拉

图 5-49　X 直臂下拉

13. 俯身直臂后拉

针对肩部肌群、肱三头肌。

【动作要领】

站姿，将弹力带固定在身体前方同胸部高度的地方，双手握弹力带且掌心向后，后退至使双臂能够伸直的位置，之后屈膝向前俯身接近于平行地面位置，保持收腹挺胸，然后由肩部和肱三头肌发力，直臂向身体后方拉弹力带直到最大幅度，保持 1～2 秒后，还原至初始位置，一般重复 8～10 次（见图 5-50）。

俯身直臂后拉

图 5-50　俯身直臂后拉

14. 抬肘（夹肘）水平划船

针对三角肌后束、上背肌群。

【动作要领】

站姿，将弹力带固定在身体前方同肩部高度的地方，双手握弹力带且掌心朝下，双臂上抬至肩部高度，后退拉紧弹力带。之后肩背部发力使双肘关节水平向后伸直到最大幅度，保持 1～2 秒后，还原至初始位置，一般重复 8～10 次。夹肘水平划船需将弹力带固定在与肘关节同样高度，双手握弹力带且掌心相对，双肘贴于身体两侧，由肩背部发力使双肘水平后拉至最大幅度（见图 5-51）。

抬肘水平划船

夹肘水平划船

图 5-51　抬肘（夹肘）水平划船

第二节　放　　松

放松是指运动结束后进行的加快机体功能恢复的练习，被认为是降低运动损伤风险、加速恢复的重要手段之一。机体在运动中会产生大量的代谢堆积物、肌肉紧张度增加，使身体出现酸痛感。良好的放松则会加速身体代谢物的消除，并促使肌肉恢复到自然松弛状态。通常来讲，与热身类似，放松一般包括低强度的有氧活动和静态拉伸。除此以外，随着人们对运动员恢复的日益重视，出现了大量的加速运动员恢复的方法，如自我筋膜放松、PNF拉伸、冷浴、冰敷等。本教材只对常见的静态拉伸和自我筋膜放松展开讲解。

一、静态拉伸

静态拉伸是指将肢体伸展至一定幅度后，并保持一段时间的练习。机体软组织在肢体较大幅度的静止拉伸中得到伸展，有效地改善肢体活动度（ROM），以达到延缓肌肉酸痛、减轻疲劳的效果。虽然有研究称静态拉伸并不能有效地降低损伤风险，甚至增加了运动受伤风险，但是在正确的静态拉伸技术下，依旧能够达到上述效果。目前的研究认为，静态拉伸的主要缺点是在运动前使用时对爆发力、速度、灵敏度等需要神经高度兴奋的素质产生不利影响，因此通常把静态拉伸放在放松活动中。

根据静态拉伸实施对象的不同，可将静态拉伸分为主动静态拉伸和被动静态拉伸。主动静态拉伸指练习者自主完成静态拉伸，被动静态拉伸指练习者接受他人的拉伸。不论哪种静态拉伸，一般拉伸的维持时间在 15~30 秒，完成组数根据拉伸对象的疲劳或紧张程度而定，通常 1~2 组。疲劳或紧张程度较重时，拉伸的时间或组数更多。

静态拉伸强调呼气的作用。通常在拉伸时,使用鼻子吸气,用嘴保持向外缓慢地长呼气,通常吸气和呼气时间比为 1∶2,即用鼻子吸气 3 次,用嘴呼气 6 次。且将注意力放在被拉伸的肌肉上,促使其放松。

(一) 胸大肌的拉伸

主动拉伸:侧对墙壁,靠近墙壁手臂的前臂贴于墙面,保持在使肘关节能屈 90°的高度,掌心贴于墙面,保持收腹挺胸。然后固定手臂,向外旋转身体及头部,直至内侧的胸大肌达到最大拉伸幅度,保持 15~30 秒,同时长呼气(见图 5-52)。

被动拉伸:被拉伸者采用坐姿,拉伸者跪于被拉伸者身体正后方,被拉伸者双手置于头后且掌心朝向前方,之后拉伸者将双臂置于被拉伸者双肘关节前方,然后拉双臂向后上方发力,使被拉伸者双臂向后拉开,直至适宜的拉伸幅度,保持 15~30 秒(见图 5-53)。

胸大肌主动拉伸

胸大肌被动拉伸

图 5-52　胸大肌主动拉伸　　　　图 5-53　胸大肌被动拉伸

(二) 肱三头肌的拉伸

主动拉伸:采用坐姿或站姿,拉伸者屈前臂至最大幅度,并抬起一侧大臂至头后方,另一只手绕过头后抓住目标手臂的肘关节处,之后向目标手臂对侧的斜下方发力,拉动目标手臂,直至适宜的拉伸幅度,保持 15~30 秒(见图 5-54)。

被动拉伸:被拉伸者采用坐姿,拉伸者单腿跪于被拉伸者身体正后方。被拉伸者屈前臂至最大幅度并抬起大臂至头后方。拉伸者用同侧手抓握拉伸者目标手臂的肘部,另一只手抓目标手臂的小臂。然后拉伸者抓握被拉伸者肘部的手向上推,同时另一只手向目标手臂同侧折叠该手臂的前臂,直至目标手臂的肱三头肌被拉伸至适宜幅度,保持 15~20 秒(见图 5-55)。

肱三头肌主动拉伸

肱三头肌被动拉伸

图 5-54　肱三头肌主动拉伸　　　　图 5-55　肱三头肌被动拉伸

（三）肱二头肌的拉伸

主动拉伸：站姿，背对扶手。一侧手臂向正后方伸直至整个手掌能够撑在墙上至肩部稍下方的位置，在保持直臂的前提下，慢慢屈膝下蹲，至肱二头肌被拉伸至适宜的幅度，保持15~30秒（见图5-56）。

被动拉伸：被拉伸者坐姿，拉伸者站于其正后方，双手抓握被拉伸者双腕，使其双臂直臂后伸，保持拇指朝下，然后将其双臂抬至使其肱二头肌拉伸至适宜幅度的高度，保持15~30秒（见图5-57）。

肱二头肌
主动拉伸

肱二头肌
被动拉伸

图5-56　肱二头肌主动拉伸　　　图5-57　肱二头肌被动拉伸

（四）三角肌前束的拉伸

主动拉伸：站姿，选择一个与腰部高度相当的扶手，且背对扶手。一侧手臂置于扶手上且手指朝前。向下屈膝同时后手屈肘90°，直至三角肌前束拉伸至适宜幅度，保持15~30秒（见图5-58）。

被动拉伸：被拉伸者坐姿，向后抬肘，拉伸者于其正后方，双手抓握并向上抬起被拉伸者双肘，向中间发力使其双肘尽量向中间靠拢，直至三角肌前束拉伸至适宜的幅度，保持15~30秒（见图5-59）。

三角肌前束
主动拉伸

三角肌前束
被动拉伸

图5-58　三角肌前束主动拉伸　　　图5-59　三角肌前束被动拉伸

（五）三角肌后束的拉伸

主动拉伸：站姿，一只手臂向前抬高并向另一侧水平内收，保持伸直且掌心向外，拇指向下，对侧手屈前臂将另一只手臂拉向胸外且向斜下方发力，直至该侧手臂三角肌后束拉伸至适宜幅度，保持15～30秒（见图5-60）。

被动拉伸：被拉伸者坐姿，拉伸者单腿跪在被拉伸者身后，另一只腿屈膝，并用大腿内侧紧贴被拉伸者身体外侧，用跪姿腿一侧的手抓住被拉伸者同侧手臂肘关节处，且用肘关节抵在其肩部，另一只手从另一侧绕过被拉伸者头前，抓住其同一只手臂的肘关节下部的前臂处。之后拉伸者向其非跪姿腿的方向斜下方用力，一只手推被拉伸者的肘关节处，另一只手拉被拉伸者的前臂上方，同时拉伸者向发力方向转身，使被拉伸者肩部拉伸的同时身体发生旋转，直至目标手臂的三角肌后束拉伸到适宜幅度，保持15～30秒（见图5-61）。

图 5-60　三角肌后束主动拉伸

图 5-61　三角肌后束被动拉伸

三角肌后束
主动拉伸

三角肌后束
被动拉伸

（六）三角肌中束的拉伸

主动拉伸：站姿或坐姿，拉伸者一只手置于后背靠在身体后侧，且屈肘90°，掌心朝外。另一只手臂从身体后侧抓住屈肘手臂的前臂，之后向其手臂的对侧方向用力拉拽，直至该手臂的三角肌中束达到适宜的拉伸幅度，保持15～30秒（见图5-62）。

被动拉伸：站姿或坐姿，且屈肘90°，掌心朝外。拉伸者在被拉伸者身后一侧，用手抓住被拉伸者屈肘手臂的前臂，之后向其手臂的对侧方向用力拉拽，直至该手臂的三角肌中束达到适宜的拉伸幅度，保持15～30秒（见图5-63）。

图 5-62　三角肌中束主动拉伸

图 5-63　三角肌中束被动拉伸

三角肌中束
主动拉伸

三角肌中束
被动拉伸

(七)背阔肌的拉伸

主动拉伸：站姿或坐姿，抬起一只手臂至头部前侧处，肘关节微屈，另一只手从对侧绕过头部前侧，抓住对侧手臂的肘关节，然后向该侧手臂的对侧方向用力拉，同时上身倾向用力方向，达到适宜的拉伸幅度，保持 15~30 秒。另一种比较常见的主动拉伸方法，侧对墙壁，与墙壁间隔 30 厘米，抬起内侧手臂，屈肘后用肘关节靠下的位置顶在墙壁上。之后整个上身慢慢靠近墙壁，直至该侧的背阔肌达到适宜的拉伸幅度，保持 15~30 秒（见图 5-64）。

背阔肌主动
拉伸(1)

背阔肌主动
拉伸(2)

图 5-64 背阔肌主动拉伸

被动拉伸：被拉伸者采用坐姿，双腿分开。拉伸者单腿跪地，另一条腿保持弓步，并用跪地腿侧的手压住被拉伸者的大腿窝处，另一只手抬起被拉伸者同侧的手臂，抓住其肘关节位置，之后用力向其对侧拉拽，使被拉伸者上身向用力方向倾倒，直到被拉伸者的背阔肌达到适宜的拉伸幅度，保持 15~30 秒，同时用力压住被拉伸者的大腿窝处使其保持固定（见图 5-65）。

背阔肌
被动拉伸

图 5-65 背阔肌被动拉伸

（八）菱形肌的拉伸

多采用主动拉伸。采用坐姿，双腿微屈膝，脚尖勾起，一只手臂伸直后抓住该手臂对侧脚的外侧。之后该侧手臂的身体向后拉，对侧腿向前蹬伸，直至目标肌群达到适宜的拉伸幅度，保持 15～30 秒（见图 5-66）。

菱形肌
主动拉伸

图 5-66　菱形肌主动拉伸

（九）屈臂肌群的拉伸

多采用主动拉伸。

拉伸（1）：双腿跪地，直臂双手撑地且手指指向身体，保持掌根紧贴于地面，之后身体慢慢后移，同时前臂内旋，直至屈臂肌群达到适宜的拉伸幅度，保持 15～30 秒（见图 5-67）。

拉伸（2）：将一只手臂向前伸直，手指朝下，掌心朝外，用另一只手抓握该手手指，之后用力下压并向身体方向回拉，同时该前臂做内旋动作，直至屈臂肌群达到适宜的拉伸幅度，保持 15～30 秒（见图 5-68）。

图 5-67　屈臂肌群主动拉伸（1）

图 5-68　屈臂肌群主动拉伸（2）

（十）伸臂肌群的拉伸

多采用主动拉伸。

拉伸（1）：双腿跪地，直臂，双手掌背部撑地且手指指向身体，保持掌面紧贴于地面，之后身体慢慢后移，同时前臂外旋，直至屈臂肌群达到适宜的拉伸幅度，保持 15～30 秒（见图 5-69）。

拉伸（2）：将一只手臂向前伸直，手指朝下，掌心朝内，用另一只手抓握该手的手指，之后用力下压并向身体方向回拉，同时该前臂做外旋动作，直至屈臂肌群达到适宜的拉伸幅度，保持 15～30 秒（见图 5-70）。

图 5-69　伸臂肌群主动拉伸（1）　　　　图 5-70　伸臂肌群主动拉伸（2）

（十一）肩外旋肌群的拉伸

主动拉伸。

拉伸（1）：一只手背于下背部，且掌心朝外，另一手绕过身体前方抓握对侧手的肘关节，之后向该手臂的对侧方向斜下拉拽，直至该侧肩部的外旋肌群达到适宜拉伸幅度，保持 15～30 秒（见图 5-71）。

拉伸（2）：坐姿，双腿前屈，双脚向中间靠拢，双手背于下背部两侧。之后身体前倾直至双腿膝盖内侧能够夹住双肘，然后由双腿发力向中间合拢双肘，直至两侧的肩外旋肌群拉伸到适宜幅度，保持 15～30 秒（见图 5-72）。

肩外旋主动
拉伸（1）

肩外旋主动
拉伸（2）

图 5-71　肩外旋肌群主动拉伸（1）　　　　图 5-72　肩外旋肌群主动拉伸（2）

被动拉伸。

被拉伸者坐姿,双腿前屈,双手背置于下背部,身体稍前倾。拉伸者在被拉伸者身后,双手向前下方推被拉伸者的双肘关节后侧,直至两侧的肩外旋肌群拉伸到适宜幅度,保持 15～30 秒(见图 5-73)。

图 5-73 肩外旋肌群被动拉伸

肩外旋
被动拉伸

(十二)冈上肌的拉伸

多采用主动拉伸。向前抬起手臂,屈前臂,将两臂肘上下叠加,且掌心尽量相对,之后位于下方手臂的手抓握另一只手的拇指,之后慢慢朝下拉拽该手拇指,使该手臂出现内旋,直至该侧的冈上肌拉伸至适宜幅度,保持 15～30 秒(见图 5-74)。

图 5-74 冈上肌主动拉伸

冈上肌
主动拉伸

（十三）肩内旋肌群的拉伸

多采用被动拉伸。被拉伸者坐姿，拉伸者单腿跪在其身后，另一条腿弓步在其身体一侧。拉伸者将被拉伸者一侧肘关节放在弓步腿膝上，且使其上臂外展 90°，之后拉伸者内侧手按压在被拉伸者外展手臂的肩上，另一只手抓握该手臂腕关节，然后向后推压使其肩部外旋，直至该肩部内旋肌群拉伸至适宜幅度，保持 15～30 秒（见图 5-75）。

肩内旋
被动拉伸

图 5-75　肩内旋肌群被动拉伸

（十四）斜方肌的拉伸

多采用主动拉伸。坐姿，一只手臂从身后抓住对侧腰带处或裤边，另一只手从脑后放在对侧脑旁，之后该手向其同侧 45°方向向下斜拉头部，直到对侧斜方肌拉伸至最大幅度，保持 15～30 秒（见图 5-76）。

斜方肌
主动拉伸

图 5-76　斜方肌主动拉伸

（十五）手掌的拉伸

多采用主动拉伸。

拉伸（1）：十指相对后，用力将指根向中间靠拢，直至手掌肌群拉伸至适宜幅度，保持 15～30 秒（见图 5-77）。

拉伸（2）：一只手逐个向后压另一只手手指，直至手掌肌群拉伸至适宜幅度，保持 15～30 秒（见图 5-78）。

图 5-77　手掌主动拉伸（1）　　　　　图 5-78　手掌主动拉伸（2）

（十六）下背肌群的拉伸

主动拉伸：盘腿坐，双脚底相对，之后双手从小腿下方穿过，抓在双脚外侧。保持收腹挺胸，身体尽量向前伸，直至下背部肌群拉伸至适宜幅度，保持15～30秒（见图5-79）。

被动拉伸：被拉伸者双腿屈膝并拢躺在垫子上，拉伸者双手抓握被拉伸者小腿前侧，向前推至被拉伸者胸前，使骨盆抬离地面，直至下背部肌群拉伸至适宜幅度，保持15～30秒（见图5-80）。

图5-79 下背肌群主动拉伸

图5-80 下背肌群被动拉伸

下背肌主动拉伸

下背肌被动拉伸

（十七）臀部肌群的拉伸

主动拉伸。

拉伸（1）：采用坐姿，一条腿屈膝90°在身体前方，且腿的外侧肌群贴于垫子，另一条腿在身体后方稍微屈膝。之后，保持收腹挺胸，双手前伸依次趴向小腿的方向、膝盖方向和大腿外侧方向，尽量用身体前侧贴向腿的内侧，直至臀部肌群拉伸至适宜幅度，在每个方向上保持15～30秒（见图5-81）。

图5-81 臀部肌群主动拉伸（1）

臀肌主动拉伸（1）

拉伸（2）：采用站姿，一条腿屈膝90°置于身体前方的平凳，且腿的外侧肌群紧贴平凳，另一条腿站在地上。之后，保持收腹挺胸，上身依次趴向小腿的方向、膝盖方向和大腿外侧方向，直至臀部肌群拉伸至适宜幅度，在每个方向上保持15～30秒（见图5-82）。

拉伸（3）：主动拉伸时，躺在垫子上，双腿抬起，一条腿小腿下部置于另一条腿大腿下部处，另一条腿微屈膝，之后双手从双腿围成的空洞中穿过拉住该腿大腿后侧，然后用力拉向身体，直至臀部肌群拉伸至适宜幅度，保持15～30秒（见图5-83）。

被动拉伸：被拉伸者躺在垫子上，一腿伸直，一腿抬起并屈膝。拉伸者站在被拉伸者前方，一手放在其抬起腿的膝关节位置，另一手抓握其小腿，之后用力将该腿的大腿内侧和小腿内侧推向被拉伸者的上身，直至其臀部肌群拉伸至适宜幅度，保持15～30秒（见图5-84）。

图 5-82　臀部肌群主动拉伸(2)

图 5-83　臀部肌群主动拉伸(3)　　图 5-84　臀部肌群被动拉伸(3)

臀肌被动拉伸(3)

臀肌主动拉伸(3)

（十八）大腿前侧肌群的拉伸

主动拉伸。

拉伸(1)：单腿站立，用单手或双手从身体后抓握非支撑腿的脚踝，发力将其拉向臀大肌，直至该腿的大腿前侧肌群拉伸至适宜幅度，保持 15~30 秒（见图 5-85）。

拉伸(2)：侧躺，下腿保持伸直，用单手从身体后抓握上腿脚踝，发力将其拉向臀大肌，直至该腿的大腿前侧肌群拉伸至适宜幅度，保持 15~30 秒（见图 5-86）。

大腿前侧肌群主动拉伸(1)　　大腿前侧肌群主动拉伸(2)

图 5-85　大腿前侧肌群主动拉伸(1)　　图 5-86　大腿前侧肌群主动拉伸(2)

被动拉伸：被拉伸者趴在垫子上，双臂置于身体两侧，双腿自然伸直。拉伸者跪于被拉伸者身体一侧，双手抓握被拉伸者脚踝上处，并将其按压至该腿的大腿后侧，直至大腿前侧到适宜拉伸幅度，保持 15~30 秒。如果被拉伸者在上述拉伸幅度时感觉不强烈，此时拉伸者可以将其一条跪姿腿的大腿置于被拉伸者大腿下方,一只手的前臂压住被拉伸者的下背部,另一只手抓握被拉伸腿的脚踝,并推向同侧臀部直至大腿前侧肌群达到适宜的拉伸幅度,保持15~30秒(见图5-87)。

大腿前侧肌群被动拉伸(1)　大腿前侧肌群被动拉伸(2)

图5-87　大腿前侧肌群被动拉伸

(十九) 大腿后侧肌群的拉伸

主动拉伸。

拉伸(1):单腿站立,另一条腿直腿抬放置高处,勾脚尖,抬腿高度根据大腿后侧肌群的柔韧性而不同。支撑腿伸直,保持收腹挺胸。之后身体向正前方依次趴向大腿内侧、正中和外侧三个方向,直至该腿大腿后侧肌群拉伸至适宜幅度,每个方向保持15~30秒(见图5-88)。

拉伸(2):坐在垫子上,一条腿伸直,另一条腿屈膝使脚底触及伸直腿大腿内侧。保持收腹挺胸,双手伸向或抓握伸直腿的脚踝,且用身体靠近大腿,直至该腿大腿后侧肌群拉伸至适宜幅度,保持15~30秒(见图5-89)。

大腿后侧肌群主动拉伸(1)

图5-88　大腿后侧肌群主动拉伸(1)　　图5-89　大腿后侧肌群主动拉伸(2)

大腿后侧肌群主动拉伸(2)

被动拉伸:被拉伸者躺在垫子上,一条腿抬起,一条腿伸直平放,拉伸者双腿跪在被拉伸者对面,其中一条腿跪在被拉伸者平放腿小腿外侧,卡住小腿,一只手抓住被拉伸者另一条腿的脚踝,一只手拉住该腿的膝关节后侧使腿保持伸直,之后上方手向被拉伸者身体两侧及中间推压,直至该腿大腿后侧肌群拉伸至适宜幅度,每个方向保持15~30秒(见图5-90)。

大腿后侧肌群被动拉伸

图 5-90　大腿后侧肌群被动拉伸

（二十）小腿后侧肌群的拉伸

多采用主动拉伸。

采用站姿，面对支撑物，一条脚勾脚尖抵在支撑物上，先保持直腿，身体向前移动，直至小腿肌群（腓肠肌）拉伸至适宜幅度，保持 15～30 秒。之后后方腿往后稍撤，被拉伸腿屈膝后向前移动，直至小腿肌群（比目鱼肌）拉伸至适宜幅度，保持 15～30 秒（见图 5-91）。

小腿后侧肌群主动拉伸

图 5-91　小腿后侧肌群主动拉伸

二、本体感受神经肌肉促进术

本体感受神经肌肉促进术（proprioceptive neuromuscular facilitation，PNF），其原理是通过刺激人体本体感受器，来激活和募集最大数量的运动肌纤维参与活动，促进肌肉收缩，同时通过调整感觉神经的兴奋性以改变肌肉的张力，缓解肌肉痉挛。其生理学理论就是利用反牵张反射而达到使肌肉放松的目的。反牵张反射指当肌肉收缩达到一定强度时，张力作用使高尔基腱器官兴奋，通过Ⅱ类传入纤维反射性地抑制同一肌肉，使其收缩停止，出现舒张的一种生理反射。在静态拉伸时，肌肉的等长收缩会对其产生强烈的刺激，此时腱梭将信号传入中枢神经，反射性地使肌肉放松，导致反牵张反射的产生。这种方式既可以用在热身阶段，又可以用在放松阶段。既可以自我实施，通常依靠支撑物,运用恰当的动作姿势进行练习;也可以在他人帮助下实施。经典的 PNF 方法包括以下三种。

保持—放松:第一步,同伴对被拉伸者的目标肌群(腘绳肌)实施静态拉伸,保持 10 秒;第二步,被拉伸者使目标肌群(腘绳肌)做等长收缩,保持 6 秒;第三步,被拉伸者放松,同伴再次静态拉伸目标肌群(腘绳肌),保持 30 秒。

收缩—放松:第一步,同伴对被拉伸者的目标肌群(腘绳肌)实施静态拉伸,保持 10 秒;第二步,被拉伸者对抗同伴阻力,使目标肌群(腘绳肌)在关节活动范围内做向心收缩,保持 6 秒;第三步,被拉伸者放松,同伴再次静态拉伸目标肌群(腘绳肌),保持 30 秒。

保持—放松同时主动肌收缩:第一步,同伴对被拉伸者的目标肌群(腘绳肌)实施静态拉伸,保持 10 秒;第二步,被拉伸者使目标肌群(腘绳肌)做等长收缩,保持 6 秒;第三步,使主动肌(股四头肌)向心收缩,保持 30 秒。

三、自我筋膜放松

筋膜放松是指按摩师通过长时间有针对性的按摩手法,使筋膜由内向外放松的方法。由于按摩价格比较昂贵,但又想接受这种有效的放松方式,人们发明了自我筋膜放松方法,即利用特定的工具,通过自身重量压力来自我实施筋膜放松。自我筋膜放松的目的在于缓解肌肉粘连、硬结和软组织扳机点,以达到帮助整个身体恢复,并治疗身体损伤或失衡的目的。常见的自我筋膜放松工具有泡沫轴和各种小球,如网球、高尔夫球、花生球、按摩球、按摩棒等。这里以放松大肌肉群和小肌肉群经常使用的泡沫轴、网球和花生球为例。

自我筋膜放松的实施方法比较简单,通常将工具放在地上或墙面,把身体某部分压在这些工具上进行按压或滚动,如果感觉压力比较适中,则使工具沿着肌肉进行滚动,如果该部位感觉僵硬则对该部位按压较长的时间。一般来讲,滚动次数在 30 次左右,组数根据自身状况而定。

(一)泡沫轴的使用

泡沫轴是最为常见的筋膜放松工具之一,价格便宜,方便携带。泡沫轴主要针对身体大肌肉群如臀肌、背肌、大腿肌群和小腿肌群的放松。由于制作材料的不同,泡沫轴的硬度不同,对身体产生的放松效果和疼痛感也不同。通常硬度较大的泡沫轴,产生的疼痛感较为强烈,硬度较低的泡沫轴产生的疼痛感较轻。刚开始接触泡沫轴时,建议选择硬度较低的泡沫轴,以免使用者产生抵触情绪。随着使用者对疼痛感的适应,逐渐地增加泡沫轴的硬度,提高放松效果。

1. 背部肌群

练习者躺在垫子上,将泡沫轴置于下背部,双手交叉在胸前,上身抬离地面使身体重量压在泡沫轴上,含胸,双腿屈膝,之后双腿蹬地使背部在泡沫轴上依次滚动,根据疲劳程度来确定滚动次数,一般每个部位 30 次(见图 5-92)。

2. 臀部肌群

将泡沫轴置于练习者臀部,练习者屈膝 90°,将同一侧的小腿放在另一腿的大腿中下部,同时身体向同一侧倾斜,将同侧臀部坐在轴上,同侧手在后撑于地,然后由支撑腿蹬地使臀部肌群在轴上滚动,一般滚动 30 次,也可根据疲劳程度确定滚动次数(见图 5-93)。

背部肌群
滚动放松

图 5-92 背部肌群滚动放松

臀部肌群
滚动放松

图 5-93 臀部肌群滚动放松

3. 大腿前侧肌群

双前臂撑地,将一条大腿压在泡沫轴上,之后以双臂推拉身体,使大腿在轴上滚动。由于大腿前侧肌肉较长,一般在滚动时,将其分为大腿下、中、上三部分依次滚动,每个部位滚动 30 次,也可以根据疲劳程度确定滚动次数(见图 5-94)。

大腿前侧肌
群滚动放松

图 5-94 大腿前侧肌群滚动放松

4. 大腿外侧肌群

侧躺,将泡沫轴放在大腿外侧下方,将上腿踩在身体前方,也可以将双腿并拢增加对轴的压力。双臂伸直,一只手撑在体侧,一只手撑在体前,之后双臂发力,推拉身体,使其在轴上滚动。由于大腿外侧肌较长,将其分为下、中、上三部分,对三个部位依次滚动,每个部位滚动 30 次,也可以根据疲劳程度确定滚动次数(见图 5-95)。

大腿外侧肌群滚动放松

图 5-95 大腿外侧肌群滚动放松

5. 大腿内侧肌群

趴在垫子上,双腿分开,将泡沫轴放在一条腿大腿内侧肌群下方,双手臂伸直,双手撑地,由双臂发力推拉身体,使大腿内侧肌群在轴上滚动,由于该肌群较长,将其分为上、中、下三部分,依次滚动各部位,一般每个部位滚动 30 次,也可以根据疲劳程度确定滚动次数(见图 5-96)。

大腿内侧肌群滚动放松

图 5-96 大腿内侧肌群滚动放松

6. 大腿后侧肌群

双腿大腿置于泡沫轴上,双臂后撑地,将身体支撑。保持收腹挺胸,之后以双臂推拉身体,使大腿后侧肌群在轴上滚动。由于大腿后侧肌肉较长,一般在滚动时,将其分为大腿下、中、上三部分依次滚动,每个部位滚动 30 次,也可以根据疲劳程度确定滚动次数(见图 5-97)。

7. 小腿后侧肌群

双手后撑,将小腿放在泡沫轴上,通过屈伸大腿使泡沫轴在小腿下滚动,也可以双手将

大腿后侧肌
群滚动放松

图 5-97　大腿后侧肌群滚动放松

整个身体撑离垫子,使整个身体重量压在小腿上,通过双臂的前后推动使小腿在泡沫轴上滚动。另外也可单腿滚动,将两条小腿上下互搭,放在泡沫轴上,然后通过屈伸大腿使泡沫轴在小腿下滚动。一般滚动 30 次,也可以根据疲劳程度确定滚动次数(见图 5-98)。

小腿后侧肌
群滚动放松

图 5-98　小腿后侧肌群滚动放松

8. 小腿前侧肌群

将小腿跪在泡沫轴上,且双脚稍内旋,使小腿前侧肌群置于泡沫轴上。双手前撑地,固定上体后,通过屈伸大腿使小腿在泡沫轴上滚动。一般滚动 30 次,也可以根据疲劳程度确定滚动次数(见图 5-99)。

小腿前侧肌
群滚动放松

图 5-99　小腿前侧肌群滚动放松

（二）筋膜放松小器材的使用

除了体积较大的泡沫轴外，网球、高尔夫球、花生球等也被用于筋膜放松，与泡沫轴所针对的肌群不同的是，这些小器材主要针对小关节肌以及泡沫轴难以放松到的位置，如脊柱两侧、三角肌、斜方肌、肩带肌、手臂肌群、脚底等位置。方法类似于泡沫轴的使用，主要是通过按压和滚动达到放松效果。

1. 花生球的使用

花生球两端球形中间成凹形，形似花生，主要针对脊柱两侧肌肉的放松。使用方法较为简单，将花生球置于下背部的脊柱两侧，仰卧使用身体重量，同泡沫轴对背部的放松。也可以将花生球放在墙上，用下背部抵住后，通过腿的屈伸上下滚动花生球，一般滚动30次。

2. 网球、高尔夫球等小球的使用

网球、高尔夫球等小球体积更小，可针对更小肌群的放松。除了滚动外，还用于扳机点的按压。由于这些小球的硬度各异，产生的疼痛感和放松效果也不同。

1）肩部肌群

用肩带肌群某处将网球或高尔夫球抵在墙上，根据自身需要，先压住网球或高尔夫球，然后保持压力不变的情况下，在该处进行小范围的滚动，直到疲劳状况减轻。或者通过他人用手将网球或高尔夫球压在肩带肌群某处，按上述方法进行放松。

肩部肌群
筋膜放松

2）斜方肌群

针对斜方肌中束和下束，用该处将网球或高尔夫球抵在墙上，根据自身需要，先压住网球或高尔夫球，然后保持压力不变的情况下，在该处进行小范围的滚动，直到疲劳状况减轻。或者通过他人用手将网球或高尔夫球压在该处，按上述方法进行放松。针对斜方肌上束，主要通过他人按压和滚动来放松。

3）小臂肌群

用手将网球或高尔夫球按压在小臂肌群上，根据自身需要，在保持压力不变的情况下，在该处进行小范围的滚动，直到疲劳状况减轻。

4）脚底

单脚将网球或高尔夫球踩在脚底，根据自身需要，先压住网球或高尔夫球，然后保持压力不变的情况下，在该处进行小范围的滚动，直到疲劳状况减轻。

脚底肌群
筋膜放松

3. 其他筋膜放松工具

随着科技在运动产品中的运用，用于运动恢复的产品不断更新，近年来人们将不同频率的振动运用于运动恢复，催生了一大批新的放松产品，使用较为广泛的属振动泡沫轴和筋膜枪。振动泡沫轴是在传统的泡沫轴内部填充了不同振动频率的振动装置，能在正常泡沫轴的滚动中，输出深层强力振感，穿透肌群缓解酸痛。筋膜枪则是抛弃了滚动功能，保留振动功能，并有针对不同肌群和部位的形状各异的冲击枪头，振动频率高达50多赫兹，而且电池超长续航、体积小、噪音低，受到广大运动人士的欢迎。

第六章
龙舟运动体能训练周期安排及防护性力量训练

第一节 训练周期化的理论基础

一、经典周期理论学说

（一）一般适应学说

一般适应学说（general adaptive syndrome，GAS）由 Hans Selye 提出，该理论认为，人体在经过训练后身体会产生适应性，这一适应性通常会经历警觉阶段、抵抗阶段、超补偿阶段和过度训练阶段（衰减阶段）。当机体接受训练刺激后，出现的短时间疲劳、酸痛、肌肉紧张、能源物质贮量减少和运动表现下降现象，称为警觉阶段。警觉阶段因训练负荷大小所持续的时间长短不同。警觉阶段过后，机体开始适应所接受的负荷刺激，并逐渐恢复到正常，这一过程被称为抵抗阶段。如果所接受的训练刺激是适度的，机体在恢复过程中会产生机能和结构上发生新的适应性变化，运动表现水平也随之提高，这一过程被称为超量补偿阶段。如果所受的负荷刺激过大、时间过长，运动员在警觉阶段后并不能产生积极的适应，而进入衰减阶段，表现为过度训练症状的出现，运动表现水平逐渐下降。

（二）刺激—疲劳—恢复—适应学说

刺激—疲劳—恢复—适应学说（stimulus-fatigue-recovery-adaptation theory）认为，机体在接受运动负荷刺激后会产生反应，负荷越大，机体产生的疲劳程度就越高，身体完全恢复所需要的时间就越长，而后产生适应性，这时说明疲劳逐渐消失，相应的运动水平将会提高。可见，恢复与适应所需时间的长短取决于训练量的大小和持续时间。在此阶段，如果施加新的负荷刺激，机体则进入下一个适应阶段。如果没有施加新的负荷刺激，所获的适应则出现衰减。这里的恢复并不是所有的训练之后都会完全休息，而是通过低负荷来调整疲劳。这一学说的核心思想就是合理地安排训练量度来调整恢复—适应所需要的时间。

二、训练周期化的分类

根据训练时间的长短，一般将训练周期分为多年训练周期、年训练周期、大周期、中周期、小周期、1天和1次。多年训练周期（2~4年）由多个年周期（1年）组成，年周期包括1~2个大周期（几个月~1年），通常分为准备期、比赛期和过渡期（恢复期）。大周期包括数个中周期(2~6周),中周期则包含多个小周期(通常1周),而小周期则由每天的训练组成。

(一) 基础的周期训练模式

现代基础的周期训练模式通常包括4个阶段:准备阶段、第一过渡阶段、比赛阶段和第二过渡阶段。

准备阶段。通常比赛较少或者没有比赛,技战术训练较少,重点是发展运动员的体能。这段时间的训练强度较低、训练量度较高,目的是发展基础体能如采用低强度的有氧训练和中低强度的力量训练。通常力量训练的肌肉肥大/耐力阶段和基础力量阶段分别安排在整个周期训练准备阶段的前段和中后段。肌肉肥大/耐力阶段,通常选择中低强度(50%~75%1RM)和较大量度(做4~6组,每组重复8~20次),目标在于增加肌肉含量和肌肉耐力。基础力量阶段,目标在于发展运动员的主要相关肌群的力量水平,通常选择中高强度(80%~95%1RM)和较中低量度(做3~6组,每组重复6次或6次以内)。在准备阶段,技战术训练通常以修改动作、动作的熟练度和技术相关的有氧训练为主。

第一过渡阶段。处于准备阶段和比赛阶段之间,作为过渡阶段,其目标着重发展运动员的力量、爆发力和专项力量耐力,由于技战术训练的比例增加,这一阶段的训练通常选择高强度(90%1RM及以上)和较低量度(做2~5组,每组重复2~4次),其中爆发力的强度在(30%~95%1RM)。专项力量耐力训练通常放在该阶段后段,强度在(30%~50%1RM),中等量度(做4~6组)。此外该阶段,通常会选择强度较高的高强度间歇训练来发展专项无氧能力和维持有氧能力。

比赛阶段。技战术训练成为主导,并主导训练负荷。一般而言,在重大比赛或年度目标比赛之前,运动员的技战术和体能都要调整到最佳状态,因此,在以技战术为主导的负荷下,力量强度以维持此前获得的力量水平和爆发力(50%~90%1RM)为目标,低量度(做1~3组,每组重复1~3次),有些项目则注重专项力量耐力,多采用抗阻式的高强度间歇训练。当完成主要目标比赛后,针对未完成的比赛,通常力量强度以维持此前获得的力量水平和爆发力(85%~90%1RM)为目标,低量度(做2~5组,每组重复4~6次),也会采用抗阻式的高强度间歇训练来维持专项力量耐力。

第二过渡阶段(恢复阶段)。通常为1~4周,此阶段是该训练周期向另一个训练周期的过渡阶段。在该阶段通常使运动员身体和精神上得到充分休息,选择一些低强度、低量度的积极性训练活动。但过长的恢复阶段会带来较强的去训练后果,使得下个训练周期的准备期变得更长。

(二) 中周期训练模式

中周期训练模式通常由2~6个相关的小周期组成,分为积累型中周期、转换型中周期和实现型中周期。

积累型中周期目标是发展基础体能,包括肌肉肥大、有氧能力甚至最大力量,构成大周期中的准备阶段,持续2~4周。转换型中周期的目标是直接提升运动员的整体备战水平,侧重于强度更高的最大力量和专项训练,持续2~4周。实现型中周期通常在重要赛事或目标赛事前,侧重于专项训练,并降低整体负荷,持续1~2周。

(三) 小周期训练模式

小周期训练模式是训练周期的基本单位,通常持续7天,可分为基本训练小周期、赛前训练小周期、比赛小周期和恢复小周期。也有将小周期更加细分为常规小周期、冲刺小周期、赛前小周期、比赛小周期和恢复小周期。常规小周期通常选用中强度、中低量度,冲击小周期采用增加训练强度和量度的负荷,将整体训练负荷推向最高;赛前小周期则多降低训练量,稍减或保持训练强度来达到诱导最佳竞技能力出现的效果;比赛小周期是赛前小周期的延续,该周期更加注重和比赛相关训练内容;恢复小周期则是降低训练负荷,使运动员积极恢复。

三、训练周期负荷模式

在小周期的训练中,训练负荷应采用怎样的方法改变负荷使机体产生更好的适应?中周期训练中应怎样安排各个小周期的负荷?在运动训练中,训练学专家通常会提及两种负荷模式:线性模式和非线性模式。但也有专家认为不存在真正的线性模式,因为小周期和中周期训练中,一般是包含训练强度和量的非线性变化的。每个中周期组成的大周期也会表现出非线性。

小周期非线性负荷模式。通常在小周期的训练中会出现1～2个负荷高峰,高峰训练日的负荷最高。当有一个强度高峰时,通常会将强度高峰训练日放在每周的中间如周二或周三,也有将训练高峰放在第一个训练日,使整个小周期的负荷出现线性变化。由于疲劳的积累,一般不会将负荷高峰日放在每周末端。当出现两个负荷高峰日,训练负荷会出现明显的波浪形,一般有两种方法,一种是负荷高峰出现在每周中间如周二或三,和周四或五,一种是负荷高峰出现在第一天和中间,如周一和周三或周四,这两种负荷变化模式也是被经常使用的模式(见图6-1)。

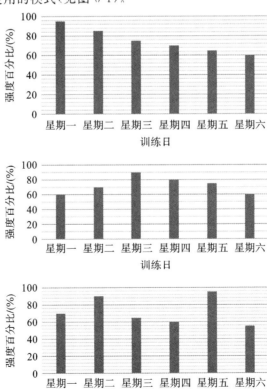

图6-1 不同形式的小周期负荷模型

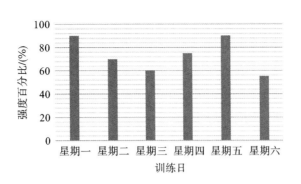

续图 6-1

中周期非线性负荷模式,每个训练强度不同的小周期有机地组合在一起,构成中周期的非线性负荷模式(见图 6-2)。将所有的中周期组合则构成大周期的非线性模式。

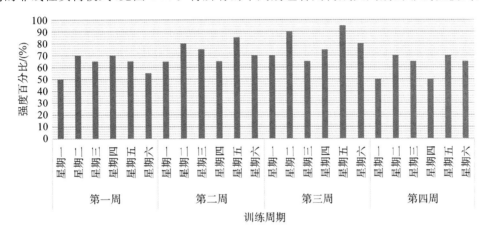

图 6-2 中周期非线性负荷模型

第二节 龙舟运动体能训练周期及力量负荷模式

一、龙舟运动体能训练周期

对于普通大学生龙舟运动员而言,一般情况下,队员人数较多,训练经费不足,每年能够外出参加比赛的次数并不会像高水平龙舟运动员或职业龙舟运动员那样频繁。通常每年会参加 4~5 站比赛来检验训练效果和完成比赛目标。如果将一个大周期作为一个年周期的话,那么这个大周期包括 4~5 个训练中周期(见表 6-1)。

表 6-1 大学生龙舟运动大周期体能训练

月份	1	2	3	4	5	6	7	8	9	10	11	12
周期	准备	过渡	比赛	恢复准备	过渡	比赛	恢复	准备过渡	比赛	准备过渡	比赛	恢复准备
强度	中低	高	高	低	中高	高	低	中高	高	中高	高	低
量度	中高	低	低	低	中高	低	中	低	中	低	低	(低)中高

准备阶段。水上训练以修改动作、动作的熟练度和技术相关的水上低强度、长时间的有氧训练为主。前期陆上力量训练强度较低、训练量度较高,发展肌肉肥大,选择中强度(70%～75%1RM)和较大量度(做5～6组,每组重复10～12次),持续时间2周。基础力量阶段,目标在于发展上肢推拉、下肢蹬伸最大力量水平和躯干力量耐力,大力量通常选择中高强度(80%～95%)和中量度(做4～6组,每组重复6～8次),持续时间3～4周。陆上低强度、长时间的有氧训练每周2次。

第一过渡阶段。水上训练在前半段采用半专项划和以高强度间歇训练、变速划训练为主的无氧耐力训练,采用中高强度、中量度。在后半段,进行高强度、中低量度的专项训练。陆上训练前半段仍以高强度(90%1RM及以上)和中低量度(做3～5组,每组重复2～4次)的最大力量为主;后半段以专项力量耐力为主,采用抗阻的高强度间歇专项力量耐力训练。陆上低强度、长时间的有氧训练每周1次。持续时间3～4周。

比赛阶段。水上训练以专项训练为主,多采用高强度间歇训练、变速划训练。陆上训练以专项力量耐力为主,采用抗阻的高强度间歇专项力量耐力训练和最大力量训练,每周1～2次,维持此前获得的力量水平(85%～90%1RM)和低量度(做2～5组,每组重复4～6次)。持续时间2周。

恢复阶段。停止水上训练,陆上训练以趣味性越野跑和低强度的力量训练为主。

二、小周期龙舟运动力量负荷模式

龙舟运动的每节力量训练课有不同的负荷变化方式,常见的有平行式、递增式和金字塔式。平行式负荷指所有核心力量动作都采用统一的训练强度和组数,比如卧推和卧拉都采用85%1RM重复6次×5组的练习。递增方式指从低强度增至高强度的方式,如第一组采用70%1RM和10次重复,第二组采用80%1RM和8次重复,第三组采用85%1RM和6次重复,第四组采用90%1RM和4次重复。一般金字塔式包括两种,第一种指先从低强度增至某一高强度,然后再从高强度降至最先的低强度。如第一组采用80%1RM和8次重复,第二组采用85%1RM和6次重复,第三组采用90%1RM和4次重复,第四组采用85%1RM和6次重复,第五组采用80%1RM和8次重复。第二种指先从低强度增至某一高强度,然后再从高强度降至某一低强度的方式,通常在最高强度结束后只完成一组低强度,一般该低强度组比最高强度低10%～15%。如第一组采用80%1RM和8次重复,第二组采用85%1RM和6次重复,第三组采用90%1RM和4次重复,第四组采用80%1RM和8次重复。

龙舟的力量训练小周期通常会选择双高峰模式,根据训练阶段的划分,小周期所采用的整体负荷不同。以准备期的每周3次力量训练为例,一般在准备期安排2次大力量和1次中低强度力量,周二、周五大强度力量(85%～95%1RM),周三中低强度力量(70%～80%1RM)。

第三节　防护性力量训练

龙舟的划船是一项周期性的动作,在划船技术正确的前提下,周期性的动作易造成身体部位的过用性损伤,尤其是身体的薄弱部位,比如腕部、肘部、肩部、下背和膝关节是龙舟运动员常见的损伤部位。因此,做好这些易受伤部位的防护是十分必要的。除了正常的力量训练之外,应该有重点地加强这些部位的肌肉耐力和本体感受性训练,达到防患于未然的目的。由于本教材以体能训练为主,运动后的康复并不是本教材的内容,这里只介绍易伤部位的防护性力量训练。

一、腕部

练习方法见第三章前臂肌群的力量练习,一般每组重复 15~20 次,做 3~4 组,之后有针对性地拉伸。

二、肘部

如果运动员划船时上手动作不正确时,多见拉桨时上手撑船瞬间肘关节下压,易造成肘关节的损伤,以网球肘(肱骨外上髁炎)和高尔夫肘(肱骨内上髁炎)常见。所以应该在正确的划船动作前提下,来加强该部位肌群的力量。

第一,腕部屈伸和旋转练习动作(见第三章前臂肌群练习)。

第二,肱三头肌练习。采用单臂颈后臂屈伸。单手握哑铃且掌心朝内,上举手臂至头旁侧,然后稳定好肘关节向后屈小臂,直到肘关节小于 90°,随后由肱三头肌发力伸小臂,直至小臂伸直,如此往复。一般每组重复 15~20 次,做 3~4 组,之后有针对性地拉伸。

第三,同侧后背部练习。动作参考单臂哑铃划船(见第三章单臂哑铃划船动作),或使用弹力带(见第五章的弹力带动作)。一般每组重复 15~20 次,做 3~4 组,之后有针对性地拉伸。

三、肩部

肩部的损伤以肩袖肌群损伤常见,有针对性地练习肩袖肌群有助于降低肩部损伤风险。

第一,徒手练习。动作见第五章,选择 2~3 个动作,一般每组重复 15~20 次,做 3~4 组,之后有针对性地拉伸。

第二,弹力带动作。动作见第五章弹力带动作。选择外旋动作 1~2 个和其他动作 1~2 个,一般每组重复 15~20 次,做 3~4 组,之后有针对性地拉伸。

四、下背部

下背部常见腰肌劳损、椎间盘突出等损伤,应加强下背部深层和表层肌群力量。

第一,静态动作。针对下背部,将龙舟力量训练部分的俯身挺身(单侧或双侧)改为静态动作。要求在挺身后保持静止,一般持续发力 30~90 秒,做 3~4 组。

针对臀部,将龙舟力量训练部分的双侧臀推和单腿杠铃臀推改成徒手动作。要求在伸髋后保持静止,一般持续发力 30~90 秒,做 3~4 组。

第二,动态动作。针对下背部,参照龙舟力量训练部分的俯身挺身(单侧或双侧),一般每组重复 15~20 次,做 3~4 组,之后有针对性地拉伸。

针对臀部,将龙舟力量训练部分的双侧臀推和单腿臀推改成徒手动作,也可降低负重。一般每组重复 15~20 次,做 3~4 组,之后有针对性地拉伸。

五、膝部

除了加强膝盖周围的肌肉力量外,如深蹲、硬拉,还应加强臀大肌和臀中肌的力量。

第一,针对大腿前侧和臀中肌。后腿分腿抬高蹲(见第三章),一般每组重复15次,做3组。之后有针对性地拉伸。

第二,针对臀大肌和臀中肌。单腿臀推(见第三章),一般每组重复15次,做3组。之后有针对性地拉伸。

第三,针对腘绳肌和臀中肌。单腿哑铃罗马硬拉(见第三章)。一般每组重复15次,做3组。之后有针对性地拉伸。

第四,弹力带"贝壳"。动作要领:将弹力带系在双腿膝盖下方位置,侧躺,收腹挺胸,双腿并拢,向体前屈膝直至双脚底和后背在同一平面上。保持髋关节稳定前提下,上方髋关节朝上外旋到最大幅度,保持1~2秒,慢慢还原。之后有针对性地拉伸。

参考文献

[1] 裴超.龙舟运动项目介绍[EB/OL].[2007-04-01].http://dragonboat.sport.org.cn/gyxh/2007/0401/329959.html.

[2] 中国龙舟协会.中国龙舟竞赛规则和裁判法[EB/OL].[2014-04].http://dragonboat.sport.org.cn/jsgz/2019/1111/329958.html.

[3] 高等学校体育工作基本标准[EB/OL].[2014-06-12].http://www.moe.gov.cn/srcsite/A17/moe_938/s3273/201406/t20140612_171180.html.

[4] 完善中华优秀传统文化教育指导纲要[EB/OL].[2014-04-01].http://www.moe.gov.cn/jyb_xwfb/gzdt_gzdt/s5987/201404/t20140401_166524.html.

[5] 教育部关于开展中华优秀传统文化传承基地建设的通知[EB/OL].[2018-05-14].http://www.moe.gov.cn/jyb_xwfb/gzdt_gzdt/s5987/201404/t20140401_166524.html.

[6] 李兵,徐彬.现代社会条件下高校龙舟运动发展的瓶颈及对策研究[J].北京体育大学学报,2015,38(12):110-114.

[7] 全国体育院校教材委员会.运动训练学[M].北京:人民体育出版社,2000.

[8] 袁运平.运动员体能与专项体能特征的研究[J].体育科学,2004,24(9):48-52,56.

[9] 王瑞元,苏全生.运动生理学[M].北京:人民体育出版社,2012.

[10] 迈克·鲍伊尔.体育运动中的功能性训练[M].张丹玥,王雄,译.北京:人民邮电出版社,2017.

[11] G.格雷戈里·哈夫,小特拉维斯·特里普利特.NSCA-CSCS美国国家华能协会华能教练认记指南[M].王雄,闫琪,周爱国,等译.4版.北京:人民邮电出版社,2021.

[12] 运动解剖学编写组.运动解剖学[M].北京:北京体育大学出版社,2013.